KB058694

대한민국
생존전략

대한민국 생존전략

이낙연의 구상

이낙연 지음

21세기북스

들어가며

미국에서의 1년

우리는 비우려고 떠난다. 떠나면 새로운 것으로 채워진다. 계획하지 않았더라도 그렇다.

나는 2022년 6월 7일 서울을 떠났다. 국내정치에서 아픔과 혼란을 겪은 뒤였다. 두렵고 외로웠다. 마음도 몸도 무거웠다. 마치 혼자서 깊은 물에 가라앉는 것 같았다.

나는 더 늦기 전에 새로운 뭔가를 내 안에 더 채우고 싶었다. 오랫동안 관심을 가졌으나 집중하지 못했던 그것, 대한민국이 국가로서 생존하기 위한 전략이었다. 나는 한반도 평화와 미국-중국 전략경쟁을 공부하기로 했다.

나는 1년 동안 미국에 머물렀다. 수도 워싱턴DC의 조지워싱턴대학 한국학연구소 방문연구원이 됐다. 나는 관련 인사를 만나거나 책과 자료를 검토했다. 워싱턴DC의 수많은 싱크탱크가 주최하는 웨비나(웹 세미나)를 보고 들으며 정보와 시각을 얻었다. 내가 다닌 한국학연구소는 조지워싱턴대학 엘리엇국제관계학교에 있다.

아내와 나는 거처를 워싱턴DC에 인접한 버지니아 북부 페어팩스 스테이션에 잡았다. 아내의 오랜 지인 집 2층에 빈방이 있었다. 나는 지하철 타기를 좋아했다. 내가 DC를 오가며 타는 지하철은 로널드레이건공항, 펜타곤(국방부), 알링턴국립묘지 등을 거쳤다. 지하철로 그런 곳을 스치며 이것저것 생각하곤 했다. 그 시간이 좋았다.

열두 번째 역 패러것웨스트에서 내려 8분을 걸으면 엘리엇국제관계학교에 도착했다. 백악관, 국회의사당, 국무부, 상무부, 프레스빌딩, 세계은행, 국제통화기금(IMF) 등등이 몇 블록 안에 있다. 문자 그대로 미국의, 아니 세계의 심장부다.

곳곳에서 나는 노숙자들을 만나곤 했다. 마냥 늦어지는 도로공사 현장을 지나기도 했다. 미국 사회의 허점이다. 나의 체류는 도널드 트럼프 대통령 지지자들의 국회의사당 난입(2021. 1. 6.)으로 미국 의회민주주의가 짓밟힌 뒤였다. 의사당 폭동의 상처는 회복되고 있었지만, 트럼피즘의 그림자는 여기저기서 어른거렸다. 정치의 양극화와 사회갈등의 확산은 잘 관리되지 못했다. 경제는 몸부림쳤다.

세계적으로는 2차대전 이후 미국 주도로 구축됐던 국제질서가 혼돈 속으로 빨려 들어갔다. 중국의 부상과 러시아의 도발은 미국의 국제적 리더십을 흔들고, 세계의 불확실성을 키웠다. 미국 스스로도 자국중심주의를 강화하며 국제무대에서 조금씩 후퇴했다.

중국의 부상과 미중경쟁의 격화는 한국을 크나큰 딜레마로 내몰았다. 한국은 중요한 대외정책에서 양자택일을 강요받고, 경제에서 전례없는 위축에 내몰렸다. 탈냉전시대에 중국은 한국 경제의 기회였으나, 미중경쟁 시대에는 최대의 과제가 됐다.

미국은 우크라이나 전쟁과 미중경쟁에 대처하는 일에 쫓겼다. 북한 핵을 포함한 한반도 평화의 문제는 미국 대외정책의 우선순위에서 밀렸다. 조 바이든 행정부의 '동맹중시'도 '미국중심주의'와 때로 충돌했다. 동맹 한국에 당혹감을 안겨준 인플레이션감축법(IRA)도 그런 과정에서 나왔다.

한반도 문제에 대한 미국의 태세에서 나는 무력감을 느꼈다. 2021년 1월 19일 바이든 대통령 취임 이후 미국 행정부는 대북정책을 재검토하겠다고 말했다. 북한과 조건 없이 대화할 용의가 있다고 스무 차례쯤 말했다. 그러나 재검토의 결과도, 대화를 위한 행동도 취임 후 2년이 넘도록 보이지 않았다.

무력감을 느낀다고 해서 손을 놓고 있을 수는 없었다. 나는 생각을 고쳐먹었다. 한반도 문제가 미국의 정책 우선순위에서 밀릴수록, 한국이 대안을 내며 역할을 키워야 한다. 한반도 평화의 최대 이해당사자는 대한민국이다. 평화의 혜택을 가장 많이 누릴 나라도, 평화가 깨졌을 때 피해를 가장 크게 당할 나라도 한국이다. 한국은 그만한 역할을 해야 하고, 그에 필요한 역량을 갖추어야 한다.

나는 미국을 향해 말하기로 했다. 2023년 들어 나는 조지워싱턴대학, 펜실베이니아대학, 휴스턴대학, UCLA, 콜로라도주립대학과 휴스턴의 아시아소사이어티, 덴버의 로터리클럽 등에서 강연하며, 미국의 대북정책 실패를 지적하고 대안을 제시했다. 동시에 나는 한반도 평화와 미중경쟁에 관한 공부 결과를 정리해 세상에 내놓기로 했다.

국제사회는 음울하다. 2022년 2월 러시아의 침공으로 시작된 우크라이나 전쟁은 늪에 빠졌다. 블라디미르 푸틴에게도, 볼로디미르 젤렌스키에게도 마땅한 출구가 없다. 미국에 대한 중국의 도전은 더 넓어지고 강해졌다. 2023년 3월 중국은 앙숙 사우디아라비아와 이란을 화해시키는 장면을 베이징에서 세계로 발신해 국제무대의 중심에 화려하게 섰다.

2017년 '핵무력 완성'을 선언한 북한은 2022년 대륙간탄도미사일(ICBM)을 포함한 탄도미사일만도 69회나 발사했다. 한국과 미국은 북한 핵문제에서 수렁에 빠졌다. 미국이 한미일 공조 강화에 나서자, 한국과 일본은 관계 개선에 들어갔다. 그러나 강제징용 문제 등 현안에 대한 한국 정부의 거친 접근과 일본 정부의 오만한 공세는 한일관계에 회오리를 일으키며 새로운 위기를 조성했다.

세계의 불확실성은 깊다. 한반도는 더욱 그렇다. 출구가 잘 보이지 않는다. 그래도 우리는 길을 찾아야 한다. 길을 찾으려면 지금 서 있는 곳이 어디인지부터 알아야 한다. 길은 있게 마련이다.

책의 구성

책 쓰기는 고된 작업이다. 수많은 생각을 읽기 쉬우면서도 논리에 맞게 배열하고, 내용을 충실히 채워 넣어야 한다. 나는 그 일에 피를 말리듯 긴장했다. 그러나 집중하며 시간 가는 줄 몰랐다. 더구나 외교는 어려운 분야다. 그래서 글의 곳곳에 편안한 접근로를 두려고 노력했다.

이 책은 다섯 묶음으로 구성됐다. 첫째 장은 서론이다. 책을 쓰게 된 배경과 책을 읽는 데 필요한 기본지식을 설명했다. 대외관계에서 대한민국이 태생적으로 갖게 된 숙명 같은 특성과 미중경쟁의 전망도 소개했다. 둘째 장은 한반도 평화의 길을 다루었다. 북한 핵 위기의 역사적 전개와 현황을 풀어쓰며, 남북한과 미국 중국 등 관련 당사국들의 잘못을 비판했다. 셋째 장에서는 미중 전략경쟁에 대해 썼다. 미중 패권경쟁의 전개를 여러 각도에서 짚어보고, 한국의 대응전략과 자세를 제안했나. 넷째 상에서는 총리 재임 시절의 외교 경험에 대해 썼다.

주로 개도국 중심의 방문외교에서 했던 일과 그때그때의 생각을 풀어놓았다. 다섯째 장에서는 한국외교의 중장기 비전으로 '연성강국 신외교' 구상을 제시했다. 맨 끝에는 부록으로 내가 미국의 여러 대학에서 했던 강연과 독일 대학에서 강연하려고 써둔 원고를 덧붙였다.

감사의 말씀

늘 과분했다. 많은 분께 도움을 받았다. 미국 조지워싱턴대학 엘리엇국제관계학교 앨리사 에이레스 학장, 한국학연구소 김지수 소장, 김연호 부소장, 숀 돌런 프로그램 매니저는 내가 마음 편하게 공부하고 전문가를 만나며 글을 쓸 수 있도록 모든 것을 배려해주셨다. 오래 기억될 것이다.

미국 워싱턴&리대학 이인엽 교수, 오랜 한반도 연구자 스티븐 코스텔로, 한국외국어대학교 황재호 교수는 나의 자료 수집을 돕거나 저술에 조언을 주셨다. 그에 더해 황재호 교수는 책 원고의 감수를, 이인엽 교수는 강연 원고의 감수를 맡아주셨다. 북한을 50여 차례나 방문하신 『평화에 미치다』 등의 저자 미국 조지아대학 박한식 명예교수님은 평화와 통일에 관해 나에게 깊은 깨우침을 주셨다. 워싱턴DC의 황서진 씨는 많은 싱크탱크의 웨비나 결과를 정리해 나의 공부를 도와주셨다. 마음을 다해 감사를 드린다. 출판을 결정해주신 21세기북스 김영곤 대표, 편집과 교열을 맡아주신 신승철, 박은경 씨, 실무를 처리해주신 박시종, 노창훈, 이지원 씨 등 여러분께도 감사드린다.

미국에 머무는 동안 내가 평생 갚을 수 없을 만큼 든든하게 나를 격려하고 위로해주신 지지자들께 어떻게 감사드려야 할지 모르겠다. 특히 트리니티워싱턴대학 베로니카 김 교수는 자기 일상을 희생하면서까지 나의 강연을 포함한 많은 일에 도움을 주셨다. 그 고마움을 오래도록 간직할 것이다.

아내와 내가 1년 동안 편하게 지내도록 세밀하게 마음을 써주신 버지니아 집주인 강신호 씨 내외를 잊을 수 없다. 그 덕분에 나는 이 책의 집필에 충분히 집중할 수 있었다. 나의 모든 것을 도와주며 나에게 늘 긍정의 마음을 보태준 아내에게도 고마움을 전한다.

나는 책 30여 권을 읽고, 많은 발표와 기고문을 살피며 지식과 영감을 얻었다. 그것이 이 책을 쓰는 데 큰 힘이 되었다. 글쓰기의 편의상 책 뒤에 적었지만, 나에게 지식과 영감을 주신 모든 분께 깊은 감사를 드린다.

2023년 봄
미국 버지니아에서
이낙연

차례

제1장

대한민국은
어떻게 생존할 것인가

대한민국은 종합국력 세계 6위의 국가로 도약했다. 미국 신문 《유에스뉴스앤드월드리포트》가 2022년 국력을 그렇게 평가했다. 그러나 동북아시아에서는 가장 취약한 지역이 한반도다. 그 한반도에서 핵무기를 가진 북한과 대치하고 있는 남쪽, 즉 한반도의 절반이 대한민국이다.

한반도는 미국, 중국, 일본, 러시아 4강국에 둘러싸인, 지구상 유일한 지역이다. 냉전시대에는 미국-소련 대립의 최전선이었다. 지금은 미국-중국 경쟁의 최전선이 되려 하고 있다.

약자는 서럽다. 그 주장이 옳아도 소용이 없다. 국제정치는 조폭의 세계와 닮았다. 미중 전략경쟁 시대의 대한민국을 생각하며 '멜로스의 비극'을 떠올리는 사람들이 있다.

멜로스는 펠로폰네소스 전쟁에서 중립을 표방했던 에게해의 작은 섬나라였다. 그리스 역사학자 투키디데스가 저서 『펠로폰네소스 전쟁사』에서 멜로스의 비극을 다음과 같이 소개했다.

스파르타와 전쟁하던 아테네는 중립국 멜로스가 배후의 위협이 될 수도 있다고 판단했다. 아테네는 멜로스에 사신을 보내 아테네 주도의 델로스 동맹에 가입하라고 요구했다. 멜로스는 '정의와 선(善)'을 위해 중립을 지킨다고 고집하며, 아테네의 요구를 거절했다. 아테네의 사신은 "강자는 힘으로 할 수 있는 것을 하고, 약자는 받아들여야 하는 것을 받아들인다."며 압박했다. 설득이 이루어지지 않자 아테네는 멜로스를 잔인하게 짓밟았다.

'멜로스의 비극'은 강자의 전쟁에서 약자의 중립은 설령 명분이 옳다고 하더라도 허망하고 허약한 것임을 갈파한다. 약자의 중립은 위험하다는 것이다. 대한민국의 운명에도 '멜로스의 비극'이 적용될까.

참고할 만하지만, 절대적이지는 않다고 생각한다. 대한민국은 그렇게 약하지만도 않고, 국제질서가 그렇게 단순하지만도 않다. 대한민국은 전략적이어야 한다. 사자의 용맹과 여우의 지혜가 동시에 필요하다.

1.
한국을 바라보는
여섯 가지 단상

대한민국의 특별한 성격

나는 어려서부터 지도 보기를 좋아했다. 지도를 보며 아무 것이나 상상하기를 즐겼다. 나이를 먹으며 지도를 보니, 소년 시절과는 달리 보였다. 이제는 지도에서 그 나라의 운명이 보인다. 국가의 지리적 위치는 운명이다. 대한민국은 험난한 운명을 타고났다.

지도를 보면, 아시아의 한반도와 유럽의 폴란드가 닮았다. 폴란드는 동쪽에 러시아, 서쪽에 독일, 남쪽에 오스트리아(옛 합스부르크), 북쪽에 바다가 있다. 한반도는 동쪽에 일본과 미국, 서쪽에 중국, 북쪽에 러시아, 남쪽에 바다가 있다. 그 한반도의 남부가 대한민국이다. 폴란드는 이미 서쪽과 남쪽의 위험에서 벗어났다. 한반도에는 오히려 더 큰 위험이 닥쳤다. 한반도는 북한의 핵무장, 미중경쟁과 러시아의 도발이라는 더 무거운 리스크를 안게 됐다.

그런 엄혹한 여건이 대한민국의 네 가지 대외적 성격을 만들었다. 한국의 대외정책을 수립하고 이행하려면 그것을 알아야 한다. 대외정책 담당자들뿐만이 아니다. 누구든 알아둘 만하다. 이제는 외교도 엘리트의 전유물이 아니다.

첫째, 대한민국은 분단국가다. 남과 북으로 나뉘어 3년 남짓 전쟁을 치렀고, 전쟁 이후에도 70년 동안 '종전'이 아니라 '정전' 상태로 지냈다. 앞으로도 개선될 조짐이 보이지 않는다. 분단국가이기 때문에 평화의 확보가 늘 간절히 필요하다. 독일 통일을 이끈 서독 총리 빌리 브란트의 명언이 맞다. 평화가 모든 것은 아니지만, 평화가 없으면 모든 것이 아무것도 아니다.

둘째, 대한민국은 동맹국가다. 세계 최강대국 미국의 동맹으로서 안보를 지켰고, 민주주의와 시장경제를 발전시키는 데도 미국의 영향을 받았다. 모든 것이 그렇듯이, 동맹도 시대에 따라 변한다. 미국은 동맹의 현대화(Modernization)라는 용어를 쓴다. 그러나 뭔가 바뀌더라도, 동맹의 신뢰를 지키고 공유가치를 발전시키는 것은 당연하다. 민주주의와 인권, 시장경제와 자유공정무역 등이 바로 그 공유가치다.

셋째, 대한민국은 반도국가다. 반도로서 대륙과 해양을 연결한다. 그러나 대륙세력과 해양세력의 각축장으로 여러 차례 짓밟히기도 했다. 한반도는 대륙세력 중에서도 중국과 러시아를 이웃에 두고 있다. 중국은 미국과 패권을 다투지만, 한국과 경제관계가 긴밀하다. 한반도 평화에 있어서도 나름의 역할을 갖는다. 한국은 중국과 건설적인 관계를 유지해야 한다. 적대적으로 가서는 안 된다.

넷째, 대한민국은 통상국가다. 세계의 거의 모든 국가와 무역을 하며, 그것으로 경제를 키워왔다. 코로나19 초기에 충북 오송의 한 중소기업이 코로나 진단키트를 165개국에 수출했을 정도였다. 한국 경제의 대외의존도는 60~80%(해마다 달라진다)나 된다. 세계의 그 어떤 나라에도 적대감을 심어서는 안 된다. 어느 나라와도 잘 지내야 하는 것이 통상국가의 숙명이다.

이상의 네 가지 성격에서 오는 요구들은 서로 충돌할 수 있다. 동맹국가와 반도국가의 요구는 서로 충돌한다. 미중 협력의 탈냉전 시대에는 덜했지만, 미중경쟁 시대에는 민감하게, 때로 심각하게 충돌한다. 동맹국가가 통상국가의 요구와 부딪칠 수도 있다. 2023년 한국과 이란 사이에 그런 일이 있었다. 분단국가로서 평화를 확보해야 하는 일이 다른 요구를 제약할 수도 있다. 남북관계의 진전을 경계하는 나라들이 주변에 있다. 그래도 우리는 네 가지 요구를 동시에 충족시켜야 한다. 어느 하나만 맹목적으로 따를 수 없는 것이 대한민국의 숙명이다.

탈냉전, 한반도에 드리운 빛과 그림자

대한민국의 특별한 네 가지 성격 가운데 동맹국가와 반도 국가의 요구가 괜찮게 맞아떨어진 기간도 있었다. 탈냉전 시대가 그랬다. 탈냉전은 1988년 서울올림픽, 1989년 베를린 장벽 붕괴, 1990년 독일 통일, 1991년 소련 해체와 동유럽 사회주의 체제 와해로 찾아왔다.

탈냉전 기간의 전반기에 중국은 약했다. 중국은 미국 주도의 세계 경제질서에 호응하며 힘을 길렀다. 미국은 중국을 값싼 소비재 공장쯤으로 활용하며 편하게 지냈다. 소련이 15개 독립국으로 분리된 이후의 러시아도 약하고 혼란스러웠다. 러시아가 이웃을 침략한다는 것은 상상할 여유도 없었다.

그런 국제조류에 대한민국은 잘 부응했다. 노태우 정부의 북방정책이었다. 한국은 1990년 소련, 1992년 중국과 수교했다. 동유럽, 중앙아시아, 동남아시아, 아프리카의 사회주의 국가들과도 외교관계를 맺었다.

한국은 외교와 함께 경제의 지평도 넓혔다. 한국 경제는 중국과 러시아를 비롯한 옛 사회주의권에 맹렬히 진출했다. 안보를 미국에 의존하고 중국 등과는 경제관계를 확대한 그 기간은 한국에 고도 경제성장을 선물했다. 한국의 1인당 국민소득이 1994년에 1만 달러, 2006년에 2만 달러, 2017년에 3만 달러가 됐다.

그러나 빛에는 그림자가 따랐다. 한국이 사회주의 국가들과 수교하며 외교와 경제의 지평을 넓혔을 때, 북한은 고립됐다. 북한은 미국·일본과 수교하지 못했고, 중국·소련 같은 외교적·경제적 협력 파트너들을 한국에 열어주게 됐다.

북한은 그것을 체제위기로 받아들이며, 핵개발을 본격화했다. 북한은 1993년 핵확산금지조약(NPT) 탈퇴를 선언하며 핵개발 의지를 드러냈다. 2006년에 1차 핵실험을 했고, 2017년에 '핵무력 완성'을 선언했다.

한국의 1인당 국민소득 증가와 북한의 핵개발 일정은 이상하리만치 겹친다. 남북한은 같은 속도로, 그러나 다른 방향을 향해 질주한 셈이다.

탈냉전 초기에 소련·중국과 수교하면서 한국은 말했다. 북한이 미국·일본과 수교하는 것을 반대하지 않겠다고. 그러나 한국은 북한의 미국·일본 수교를 견제했다. 미국은 북한의 수교 요구를 무시했다. 미국은 탈냉전을 열었고 한국은 탈냉전의 이익을 얻었으나, 북한에 대해서는 냉전의 사고를 견지했다. 그런 과정에서 북한은 핵개발로 돌진했다. 그것은 한반도 평화에 큰 위협이 됐다.

탈냉전시대에 한국은 고도성장을 이루었으나 북한의 핵무장이라는 리스크를 맞게 됐다. 그런 탈냉전이 끝나고, 이제는 신냉전이라고도 불리는 미중경쟁 시대가 진행되고 있다.

탈냉전시대에 중국은 한국에 최대 무역흑자를 안겨주었

다. 그러나 이제 중국은 한국에 최대 무역적자를 안겨주는 국가가 됐다. 2023년 3월 한국은 13개월 연속 무역적자를 기록했다. 2022년 한국은 역사상 최악인 425억 달러의 무역적자를 냈다. 그 최대 원인은 중국에 대한 무역적자였다. 중국의 그림자는 짙고 무겁다.

패권경쟁의 새로운 시작, 미중경쟁

영원한 것은 없다. 패권도 영원하지 않다. 패권은 포르투갈-네덜란드-영국-미국으로 이전돼왔다. 중국의 부상은 특별하다. 유럽과 미국에서 옮겨 다니던 패권이 500년 만에 아시아로 넘어갈 것이냐, 그것의 판가름이라는 점에서 특별하다.

패권국은 대체로 경제력, 군사력, 문화력을 갖추었다. 그중에서도 경제력과 군사력이 필수였다. 군사력도 경제력의 영향을 받는 것이라면, 경제력이 핵심이었다. 요컨대, 미래산업의 기반을 이루는 첨단기술을 개발하고 산업화하는 데 성공한 나라가 패권국이 됐다. 영국은 증기기관으로 1차 산업혁명의 주역이 됐다. 미국은 전기와 컴퓨터로 2차, 3차 산업혁명을 이끌었다. 지금은 4차 산업혁명 시대다.

산업혁명 이전에는 인도와 중국이 세계 최강대국이었다. 그 시대에는 식량이 곧 경제였다. 인더스강과 갠지스강을 가진 인도, 황허와 양쯔강을 지닌 중국에서는 식량이 풍부했다. 그래서 인구가 늘고, 기술과 문화가 발달하며, 군사력도 커졌다. 요즘 중국과 인도가 다시 떠오르는 것은 역사의 순환일까.

패권국다운 패권국은 산업혁명 이후에 등장했다. 산업혁명으로 공업이 일어나고 조선과 항해와 금융이 발달하자 새로운 양상이 전개됐다. 포르투갈-네덜란드-영국이 해외에 식민지를 거느리며 차례로 패권을 누렸다. 그 가운데 '해가 지지 않는 나라' 영국의 패권은 100년이나 지속됐다. '팍스 브리타니카'였다. 영국은 1914년 발발한 1차대전까지 패권을 유지하다 미국에 넘겨주었다. 그래도 영국 통화 파운드는 1960년대까지 일정하게 선호됐다.

2차대전(1939~1945)이 끝나가던 1945년 2월 흑해 연안 얄타에서 미국의 프랭클린 루스벨트, 영국의 윈스턴 처칠, 소련의 이오시프 스탈린이 만났다. 그들은 독일 항복 이후의 전후(戰後) 관리를 논의했다. 얄타회담이 끝나자 루스벨트는 갑자기 사우디아라비아를 방문해 압둘 아지즈 국왕과 회담했다. 두 사람은 사우디 안보를 미국이 돕고, 사우디 석유를 달러로 결제한다는 데 합의했다. 경제 주도력이 석유와 달러로 넘어갔음을 보여준 상징적 사건이었다. 그 후 급속히 '팍스 아메리카나'가 무르익었다.

포르투갈, 네덜란드, 영국, 미국이 패권을 쥐었던 이유는 무엇인가. 미국 워싱턴대학 조지 모델스키 교수는 몇 가지 이유를 찾아냈다. 첫째, 기존 패권국과 크게 충돌하지 않았거나, 전쟁을 치렀더라도 패권을 기존 패권국으로부터 물려받았다. 둘째, 주변국들과 별로 충돌하지 않았거나, 주변국을 평정해 우호관계를 유지했다. 셋째, 해양국가였고 금융 권력의 중심에 있었다.

반대로 패권국에 도전했으나 뜻을 이루지 못한 프랑스, 독일, 소련은 어떤 특징을 가졌는가. 모델스키는 이렇게 분석했다. 첫째, 기존 패권국에 도전하며 계속 마찰을 빚었다. 둘째, 주변국과 자주 충돌하면서 국력을 소모했다. 셋째, 대륙국가였고 금융에 취약했다. 중국은 이쪽에 해당 사항이 있다. 그리고 그것을 극복하려고 노력하는 것 같다. 중국은 해군력을 키우며 서태평양을 장악하려 하고 있다. 일대일로 정책으로 주변국을 끌어들이며 인도양에서 통제력을 확보하고 있다. 위안화 국제화를 추진하기도 한다.

미국의 패권에도 도전국이 잇달아 나타났다. 먼저 소련이 도전했다. 특히 1957년 소련이 인류사상 최초로 인공위성 '스푸트니크 1호'를 발사했을 때의 충격은 대단했다. 그 '스푸트니크 쇼크' 이후 소련이 새로운 패권국으로 떠오를 것이라는 주장이 나와 1980년대까지 이어졌다. 그러나 소련은 1991년 해체됐다.

1980년대에는 일본이 떠올랐다. 1979년 미국 하버드대학 에즈라 보겔 교수는 『일등국가 일본』이라는 책을 냈다. 미국 예일대학 폴 케네디 교수는 1987년의 명저 『강대국의 흥망』에서 미국 다음의 패권국으로 일본을 상정했다. 그러나 일본은 1985년 미국 주도의 인위적 엔화 절상 '플라자 합의'와 1986년 반도체 수입제한으로 내려앉았다.

다음 도전국이 중국이다. 중국에도 문제는 있다. 그래도 중국은 소련이나 일본과는 다른, 강력한 도전자다. 미국 백악관 제이크 설리번 국가안보보좌관이 간명하게 말했다. 과거 소련에 비해 중국은 경제적으로 강력하고, 외교적으로 정교하며, 이념적으로 유연하다. 세계 국가 전체의 3분의 2가 중국을 주된 무역상대국으로 삼고 있다. 게다가 미국도 전성기의 미국이 아니다.

미중경쟁의 여러 갈래 전망

앞서 나는 미래산업의 기반이 되는 첨단기술을 개발하고 산업화하는 데 성공한 나라가 패권국이 됐다고 적었다. 2023년 3월 호주 전략정책연구소(ASPI)는 놀라운 보고서를 내놓았다. 주요 유망기술 44개의 연구개발(R&D) 가운데 37개에서 중국이 압도적 우세를 보인다는 것이었다. 미국은 7개에서 앞섰다.

중국의 그런 우위가 패권으로 연결되는 것은 시간문제일

까. 아니면 미국의 우위가 중국의 기대보다 더 오래 지속될까. 그것도 아니면 뚜렷한 지도국이 없는 다극체제 또는 무극체제(G제로)로 가는가.

미중경쟁의 전망은 여러 갈래로 나뉜다. 첫째는 미국의 우위가 앞으로도 한 세기 동안 흔들리지 않을 것이라는 전망이다. 국제정세의 '노스트라다무스'로 불리는 미국 학자 조지 프리드먼이 『다가오는 폭풍과 새로운 미국의 세기』에서 그렇게 전망했다.

둘째는 미국에는 기댈 것이 없으며 중국이 이미 이기고 있다는 분석이다. 싱가포르 국립대학 키쇼어 마부바니가 『중국이 이겼는가』에서 그렇게 분석했다. 미국 하버드대학 스티븐 월트 교수도 같은 주장이다.

셋째는 뚜렷한 지도국이 없는 다극 또는 무극 시대로 간다는 생각이다. 미국 정치학자 이언 브레머의 『리더가 사라진 세계』가 그 주장의 선봉이었다. 다극체제로 간다면, BRICS를 주목할 필요가 있다. 브라질, 러시아, 인도, 중국, 남아프리카공화국을. 이미 중국, 인도, 러시아는 어떤 의미로든 주목받는 행위자가 됐다.

넷째는 미국과 중국이 전쟁으로 가고 있다는 진단이다. 미국 정치학자 그레이엄 앨리슨이 『예정된 전쟁』에서 그렇게 진단했다. 다만 앨리슨은 전쟁을 피하는 길도 있다며, 그 길을 원론적으로 제시했다.

다섯째, 2030년 이후 어느 시점에 중국이 경제총량에서 미국을 뛰어넘지만, 다시 엎치락뒤치락하다가 2050년이면 인도가 최강국으로 올라선다는 주장이다. 일본 시마나카 유지가 『패권의 법칙』에서 그렇게 주장했다. 시마나카는 미일 연합패권을 내비쳤다.

여섯째, 한참 동안 현상을 유지할 것이라는 견해다. 미국 외교의 현자(賢者) 조지프 나이 하버드대학 명예교수가 『미국 외교는 도덕적인가』에서 그렇게 진단했다. 그는 중국의 부상을 어떻게 볼 것인지에 대해 이렇게 충고했다.

"중국의 힘을 과대평가하거나 과소평가하는 것은 위험하다. 상대에 대한 과소평가는 상황에 안주하게 만들고, 과대평가는 상대에 대한 공포를 낳는다. 둘 모두 오판으로 이어질 수 있다. 역사는 세력균형의 변화에 대한 잘못된 인식으로 점철되고 있다. […] 언젠가 중국의 총 경제규모가 미국을 추월한다고 할지라도, 지정학적 권력의 척도는 그것뿐만이 아니다."

나이 교수는 총 경제규모 이외에 주변국과의 관계, 에너지 자급 여부, 통화 전환성, 인구통계학적 특성 등에서 미국이 우위라고 평가했다.

주변국과의 관계에서 중국은 14개국과 국경을 맞대고 있다. 넓지 않은 바다를 사이에 둔 나라까지 합치면 19개국과 이웃한다. 중국은 그 가운데 러시아, 인도, 베트남, 필리핀, 일본 등과 영토를 놓고 싸웠거나 지금도 다투고 있다. 그에 비하면 미국은 매우 편한 처지다. 프랑스 외교관의 절묘한 표현처럼, 미국은 남북에 약한 나라(멕시코, 캐나다)가 있고, 동서(태평양, 대서양)에는 물고기만 있다. 다만 이제는 국경의 의미도 절대적이지 않다. 2001년 9·11 테러가 일찍이 증명했다. 더구나 우주까지 전장이 확대된다면 얘기는 사뭇 달라진다.

에너지에서 중국은 최대 수입국이다. 미국은 2025년 에너지 자립을 목표로 하고 있다. 인구에서 중국은 저출산 고령화가 빠르게 진행된다. 미국은 선진국으로서 드물게 인구가 꾸준히 늘고 있고, 중간연령이 젊다. 통화에서는 달러가 압도적으로 선호된다.

나이 교수도 중국이 급속하게 성장하고 있으며, 상당히 많은 분야에서 미국을 앞지를 것이라고 인정한다. 다만 중국이 모든 분야에서 미국을 대체하기는 상당 기간 어렵다는 것이다. 그는 경제에서도 지도국이 되려면 GDP 총량 못지않게 1인당 국민소득이 중요하다고 말한다.

미중경쟁의 네 가지 함정

역사가 항상 옳게만 진행되는 것은 아니다. 그러나 역사는 항상 교훈을 준다. 미중 패권경쟁을 진단하면서 흔히 되짚어보는 역사의 교훈이 있다. 네 개의 함정을 흔히 말한다. 그런 역사가 반복될 것이냐, 아니냐는 별개 문제다.

첫째, '투키디데스 함정'이다. 그리스 역사학자 투키디데스가 저서 『펠로폰네소스 전쟁사』에서 주장한 이론이다. 기존의 맹주국가 스파르타가 새로 부강해지는 아테네에 두려움과 불안을 느껴, 결국 두 나라가 지중해의 패권을 두고 전쟁을 치르게 됐다. 투키디데스 함정은 신흥국의 부상과 그에 대한 기존 패권국의 공포라는 두 가지 요인으로 전쟁이 벌어진다는 이론이다.

그레이엄 앨리슨 전 하버드대학 교수는 2018년의 저서 『예정된 전쟁』에서, 미국과 중국이 원치 않는 전쟁으로 다가가고 있다고 진단했다. 그러나 미국과 중국이 전면적인 전쟁을 벌이지는 않을 것이라는 견해도 많다. 미국은 중국의 대만 통합 시도를 특별히 주목하고 있다.

둘째, '킨들버거 함정'이다. 새롭게 떠오른 지도국이 기존 패권국만큼의 리더십을 발휘하지 못해서 생기는 위기를 뜻한다. 미국 MIT 교수였던 찰스 킨들버거가 2017년의 저서 『대공황의 세계 1929~1939』에서 내놓은 개념이다.

그는 기존 패권국 영국을 대체하던 미국이 신흥 지도국으로서 역할을 제대로 하지 못한 결과로 대공황(1929~1933)이 발생했고, 그것이 원인의 하나로 작용해 2차대전으로 이어졌다고 지적했다.

셋째, '타키투스 함정'이다. 로마 역사학자 타키투스가 저서 『타키투스의 역사』에서 주창한 이론이다. 타키투스는 "황제가 인민들의 증오대상이 되면, 그가 하는 일이 좋은 일이건 나쁜 일이건 사람들의 혐오를 불러온다."라고 지적했다.

타키투스 함정은 미국 등이 중국을 비판할 때 활용하기도 한다. 중국은 경제발전과 국가위상 제고에 성공했다. 그러나 중국이 동서, 도농, 빈부라는 '3대 격차'를 포함한 국내 문제를 해결하지 못하고, 권위주의 통치에 대한 국내외의 거부감이나 경계심이 커진다면, 타키투스 함정에 빠질 수도 있다는 것이다.

넷째는 '중진국 함정'이다. 개발도상국이 중간소득국가(Middle Income Country) 단계에서 성장력을 잃으면서, 고소득국가(High Income Country)에 이르지 못하고, 중진국에 머무르거나 저소득국가로 후퇴하는 현상을 말한다. 2006년 세계은행이 아시아 경제발전 보고서에서 제기한 개념이다.

중국은 '중진국 함정'에 빠지지 않고 도약을 계속하기 위해 2015년 '중국 제조 2025'를 내놓았다. 미국과의 마찰로 그 용어는 곧 쓰지 않게 됐지만, 중국의 의지는 분명하다. 저가제품 공장을 졸업하고, 첨단기술을 자급자족하는 제조업 초강대국으로 굴기하겠다는 것이다.

미중경쟁이 던진, 코끼리와 잔디밭의 딜레마

탈냉전은 한반도에 빛과 그림자를 드리웠다. 그 탈냉전이 끝나자 새로운 딜레마가 대한민국을 덮쳤다. 미중경쟁이 던진 코끼리와 잔디밭의 딜레마다.

2022년 10월 미국 백악관은 "탈냉전 시대는 최종적으로 끝났다"라고 국가안보전략(NSS) 보고서를 통해 선언했다. NSS 보고서는 중국이 미국에 대한 도전의 의지와 능력을 갖춘 유일한 경쟁자라고 규정했다. 미중경쟁은 진검승부로 변했다.

미국과 중국이 협력하던 탈냉전 시대에는 한국이 경제와 외교 안보를 편하게 영위할 수 있었다. 그러나 탈냉전이 끝나고 미중경쟁이 격렬해지자 경제와 외교 안보 모두에 시련이 왔다. 탈냉전 시대처럼 한국이 미중 양국과 협력하며 안보를 지키고 경제를 키우기 어렵게 됐다는 것이다.

이제는 경제와 안보가 결합된 '경제안보'의 시대가 됐다. '경제안보'의 총아 반도체 분야 등에서 미국은 한국을 포함한 우방이 중국과 첨단제품을 교역하는 것을 제약하기 시작했다. 미국은 여러 나라가 협력하는 글로벌 공급망에서 중국을 차단하려는 디커플링(Decoupling)을 거론했다. 그러나 경제의 상호의존이 심화돼버린 터에 디커플링은 만만치 않은 것으로 드러났다.

미국은 프렌드쇼어링(Friend-shoring)을 내놓았다. 우호국들과 함께 공급망을 구축하자는 구상이다. 생산시설을 해외로 이전하는 오프쇼어링(Off-shoring)이 중국 의존도를 높이고 글로벌 공급망을 교란한다는 지적이 나오자, 그 대안으로 추진된 것이다. 중국과 관계가 긴밀했던 한국 경제는 새로운 리스크를 안게 됐다.

중국과 러시아가 약해서 나서지 못하던 탈냉전 시대에 북한은 고립과 봉쇄 속에서 핵개발에 집중했다. 탈냉전이 끝나면서 중국과 러시아가 목소리를 높이고 행동을 키우는 것은 북한에 새로운 기회로 작용할 수 있게 됐다. 수교와 평화체제 구축을 위해 미국에 몇 차례 매달렸으나 실패한 북한은 이제 미중경쟁을 느긋하게 지켜보고 있는 것 같다.

미국이 한미일 공조를 강화하면, 중국은 북중러 연대를 강화할 것이다. 북한은 중국과 러시아에게 탈냉전 시대보다 이제 더 유용한 존재가 될 수 있다. 중국과 러시아는 동북아시아에서 미국을 견제하는 데 북한을 방패로 삼으려 할 것이다. 한반도는 냉전시대 미소 대립의 최전선에서 탈냉전 이후 미중경쟁의 최전선으로 옷을 갈아입고 있다.

코끼리와 잔디밭. 미중 양국과 세계를 그렇게 비유한 두 정상이 있었다. 매우 지혜롭고 강단 있는 지도자였던 리콴유 전 싱가포르 총리는 "두 마리 코끼리가 서로 싸움을 벌이든, 사랑을 하든 잔디밭은 손상을 입게 된다."라고 말했다. 마하티르 모하마드 전 말레이시아 총리는 "두 코끼리가 싸우면 잔디밭은 망가진다. 두 코끼리가 사랑하면 잔디밭은 더 망가진다."라고 했다.

두 코끼리가 사랑한 적은 없었다. 편하게 지내던 시대는 있었다. 한국은 그때가 좋았다. 그러나 두 코끼리는 싸움으로 전환했다. 두 코끼리의 싸움은 한국에 딜레마를 안겨주었다. 북한 핵무장 강화와 미중경쟁에 우크라이나 전쟁까지 겹치며 상황은 더 복잡해졌다. 대한민국은 '실존적 위기'에 직면했다.

이 위기는 대한민국의 발전과 번영을 위협한다. 대한민국의 생존까지 거기에 걸려 있다. 발전과 번영은 중요하다. 그러

지도자는 중요하다. 역사는 지도자의 오판으로 얼룩지기도 한다. 아베 신조 일본 총리, 시진핑 중국 주석, 블라디미르 푸틴 러시아 대통령, 할트마 바톨가 몽골 대통령을 동방경제포럼에서 만났다. 기조연설을 하러 연단으로 가는 나를 그들이 보고 있다. (2018. 9. 러시아 블라디보스토크)

나 생존이 먼저다. 생존해야 발전도, 번영도 할 수 있다. 이제 대한민국의 대외정책은 국가생존에 최우선의 비중을 두어야 한다.

대한민국은 어떻게 이 위기를 극복하고 생존할 것인가. 남북한이 평화롭게 공존하며 함께 번영하는 길은 없는가. 동아시아는 미중경쟁 시대 최악의 화약고가 될 것인가. 동아시아가 평화와 안정을 구가하며 함께 발전할 수는 없는가.

2.
한국을 엄습하는
네 가지 불안

세계는 혼돈의 터널을 통과한다. 한국 정치는 바깥을 볼 겨를도 없이, 내부문제로 무너지려 한다. 세계와의 통로인 외교마저 그런 정치에 예속됐다.

국제질서가 불안하다

대전환은 불안을 동반한다. 지금의 전환은 전면적이다. 그만큼 불안도 크다. 미중경쟁은 500년 동안 계속된 유럽과 미국 안에서의 패권 교대와는 차원이 다르다.

인류는 코로나19의 팬데믹 위기를 겪어왔다. 그 팬데믹은 이미 진행되던 변화의 속도를 높였고, 변화의 방향을 굳혔다. 팬데믹이 끝나더라도 세계는 팬데믹 이전으로 돌아가지 못한다. 팬데믹 위기에 가려진 더 큰 위협은 기후변화다. 현재 상태가 지속된다면, 21세기 중반 이후 통제할 수 없는 상황이 도래한다.

세계는 기술적으로 초연결된 하나의 지구촌이 됐다. 초연결사회는 편리하지만, 여러 위험요인도 안고 있다. 이미 일상이 돼버린 사이버공간이 갑자기 거대한 위험으로 돌변할 수도 있다. 인류에게 편리를 제공하는 원전이 한순간에 비극을 초래할 수도 있다. 일본 후쿠시마가 그것을 증명했다. 그런 새로운 안보위협을 시야에 넣지 않고는 평화를 꿈꿀 수 없다.

세계적으로 지역분쟁이 계속된다. 미얀마 사태 등 대규모 인명피해를 수반하는 폭력사태가 끊이지 않는다. 미국 주도의 인도태평양(인태) 전략과 중국 주도의 일대일로 정책이 충돌하며 국제정세의 파고를 높인다. 러시아의 침공으로 빚어진 우크라이나 전쟁은 탈냉전 이후 시대의 가공할 혼돈을 예고한다.

그런 지구적 문제와 인도적 위기, 지역분쟁을 해결하는 데 어느 국가도 책임 있게 대처하지 못하고 있다. 유엔과 세계무역기구(WTO) 등 국제기구 역시 한계를 노정하고 있다. 국제법과 규범이 위협받고, 새로운 질서는 보이지 않는다. 이언 브레머가 2014년에 일찍이 제기한 무극체제가 조금씩 현실감을 띠고 있다.

세계는 무한 기술경쟁 시대로 접어들었다. 반도체, 차세대 이동통신, 전기차, 배터리, AI, 양자컴퓨터, 바이오, 그린에너지, 우주개발 등 여러 분야의 첨단기술은 인류의 생활을 획기적으로 변모시킨다. 인간 생활의 변모라고 하면 장밋빛으로 보일 수 있지만, 그것을 놓고 국가의 미래를 건 처절한 승부가 전개된다.

정치, 경제, 외교, 안보, 문화가 경계를 무너뜨리며 융·복합되고 있다. 경제가 안보, 안보가 경제인 시대가 됐다. 첨단기술 개발에 뒤처지면 국제경쟁에서 낙오할 수밖에 없다. 첨단기술 확보가 국가의 안보와 번영의 핵심이 됐다. 한국의 대처는 충분히 체계적이지 않고, 강력하지도 않다.

미중관계가 불안하다

미중경쟁은 전례 없는 질서를 강요한다. 하부경제는 서로 떼어내기 어렵게 얽혔다. 그래도 두 나라는 사활의 경쟁을 벌인다. 한국은 치명적인 분야에서 양자택일을 요구받는다.

2023년 3월 13일 시진핑 중국 주석은 세 번째 임기를 시작했다. 주석 3연임은 1949년 중국 건국 이후 처음이다. 시진핑은 제1성으로 '조국통일'을 다짐했다. 예전부터 그는 대만통일을 평화적으로 이루겠다면서도, 무력사용 가능성을 배제하지 않았다. 2013년 3월 주석에 공식 취임한 그는 '중국몽'의 기치 아래 국가주의를 강화하며 미국에 전면적으로 도전했다.

미국과 중국은 경제, 기술, 외교, 안보, 문화, 이념, 체제 등 모든 분야에서 다투고 있다. 미국은 중국이 대만을 침공한다면 2027년 이전에 일어날 것이라고 분석했다. 미국은 대만방어를 돕겠다고 공언했다. 그럴 경우에는 주한미군의 투입을 검토해야 한다고 미국 의회조사국(CRS)이 지적했다. 주한미군 사령관은 그 경우의 비상계획을 마련하고 있다고 밝혔다.

미중경쟁은 남북한에 다르게 작용하고 있다. 미중관계 악화는 한중관계를 악화시켰다. 탈냉전 시대에 한국은 한미동맹과 한중협력, 한러협력을 동시에 누릴 수 있었지만, 미중경쟁 시대에는 그렇게 하기 어렵다. 한국이 탈냉전 기간에 누렸던 기회는 미중경쟁 시대에 리스크로 바뀌었다. 그것은 한국의 외교 안보와 경제를 위협한다.

북한은 오랜 고립의 출구를 중국과 러시아에서 찾게 됐다. 탈냉전이 끝나면서 미국에 'No'라고 말하는 중국과 러시아가 북한으로서는 더 든든해졌을 것이다. 북한은 더 이상 미국에 매달리지 않고 미중경쟁을 지켜보려 할지도 모른다. 2019년 김정은-트럼프의 하노이 회담 '노딜' 이후 북한은 미국에 대한 기대를 접은 듯하다. 중국과 러시아는 동아시아에서 미국과 경쟁하는 데 북한을 이용하려 할 것이다.

남북관계가 불안하다

누구는 남북관계에도 사계절이 있다고 했다. 그럴까. 이 겨울 뒤에는 봄이 있을까.

문재인 대통령의 한반도 평화프로세스는 결과적으로 아쉬움을 남겼지만 나름의 진전도 이루었다. 재임 5년 사이에 남북정상이 세 차례 회담했다. 판문점을 회담 장소로 두 차례 사용했다. 문 대통령이 평양 능라도 경기장에서 북한 주민들에게 직접 연설했다. 남북정상 내외가 백두산 정상에 함께 올랐다. 재임 5년 동안 남북한 사이에 군사적 충돌이 한 번도 없었다. 남북한 정상은 문 대통령 퇴임을 앞두고 친서를 교환했다. 그 모든 것이 과거에 없던, 역사의 진전이다.

나는 2002년 말 청와대에서 있었던 일을 아름답게 기억한다. 노무현 대통령 당선인이 김대중 대통령을 예방했다. 나도 노무현 당선인 대변인으로서 수행했다. 그 자리에서 김대중 대통령은 남북정상회담을 비롯해 주요 국가와의 정상회담 경험을 노무현 당선인에게 상세히 설명했다. 참으로 이상적인 정부이양 과정이라고 생각했다. 나는 그런 선례가 문재인 정부 이후에도 이어지기를 바랐다. 그러나 현실은 그렇지 못했다. 후임자가 원치 않았다.

2022년 5월 10일 윤석열 정부는 출범한 이후 전임 정부의 주요 대내외 정책을 거칠게 뒤집었다. 윤 대통령은 8월 15일 광복절 기념사에서 북한이 핵을 포기하면 대규모 경세지원을 하겠다는 이른바 '담대한 구상'을 발표했다. 그러나 북한의 핵 정책은 경제가 아니라 이제 체제에 연동됐다는 것을 윤석열 정부는 경시했다. 한국의 제안을 북한은 즉각 일축했다. 남북한은 초강경 무력시위로 '강대강' 대결을 계속했다.

게다가 윤석열 정부 초기부터 전쟁 얘기를 너무 함부로 했다. 그것도 남북한 정상이 거칠게 주고받았다. 북한이 2022년 말에 무인기를 서울 상공에 띄웠다. 2023년 벽두에는 동해로 미사일을 또 쏘았다. 남북한 정상은 핵무기까지 거론했다. 2023년에는 북한이 핵을 개발하는 한 북한에 1원도 지원하지 않겠다고 윤 대통령이 직접 말했다. 그러잖아도 북한에 대한 한국의 지원은 끊긴 지 오래다. 그런 터에 북한을 또 자극한 것이다.

그럴 일이 아니다. 지도자라면 긴장을 낮추면서, 평화정착과 민족번영의 길을 찾아야 한다. 어느 경우에도 전쟁은 막아야 한다. 안보는 큰소리친다고 얻어지는 게 아니다. 국방역량은 조용히 그러나 확실히 키워야 한다. 국민에게 국가에 대한 사랑과 믿음이 우러나게 해야 한다. 그것도 안보다.

2000년 6월의 역사상 첫 남북정상회담에서 김대중 대통령이 김정일 위원장에게 이렇게 말했다. "누구도 정상의 자리에 영원히 있을 수는 없습니다. 우리가 이 자리에 있을 때 어떻게 하느냐에 따라 민족이 흥할 수도 있고 망할 수도 있습니다."

한국외교가 불안하다

외교는 특별히 정교해야 한다. 윤석열 정부에서는 많은 국정이 거칠지만, 외교는 더 거칠다. 그것도 정상외교에서 탈을 내곤 한다. 그래서 더욱 불안하다.

외교 불안은 윤석열 정부가 가장 중요시하는 외교행사에 앞서 대통령 안보실 책임자들이 잇달아 사퇴한 데서 상징적으로 드러났다. 2023년 3월 한일 정상회담을 앞두고 의전비서관이 사퇴했다. 4월 한미 정상회담을 앞두고는 외교비서관과 안보실장이 잇달아 사퇴했다.

사퇴의 이유는 설명되지 않았다. 그러나 업무에 관한 의견차이 또는 권력과 관련된 알력이 안보실 내부, 안보실과 외교부 사이, 아니면 대통령이나 그 주변과 당사자 사이에, 그것도 심각하게 여러 차례 있었다는 추론이 합리적일 것이다. 그 가운데 무엇이 이유였건, 중대한 문제다. 가장 중요한 외교의 의사결정 과정이나 메커니즘에 큰 고장이 있다는 뜻이기 때문이다.

외교정책의 내용에서도 그렇다. 한국의 대외정책은 앞서 말한 네 가지 성격에서 오는 요구를 충족해야 한다. 분단국가, 동맹국가, 반도국가, 통상국가로서 요구되는 것들에 부응해야 한다. 정권에 따라 어떤 요구를 조금 더 중시할 수는 있다. 그렇다고 해서 다른 요구를 무시해서는 안 된다. 국가의 생존이 걸려 있기 때문이다.

동맹국가로서 미국과의 신뢰를 지키고 공유가치를 추구하는 것은 당연하다. 그러나 그것이 전부여서는 안 된다. 윤석열 정부의 외교는 동맹국가가 전부인 것처럼 전개되곤 한다. 북한, 중국, 이란 등을 불필요하게 자극했다. 그래서는 안 된다. 동맹도 살리면서 다른 가치도 살리는 것이 외교의 지혜다. 어렵고 시간이 걸리더라도 그 길을 가야 한다. 같은 미국의 동맹이지만, 한국의 안보적·경제적·역사적 여건은 일본과 다르고 호주나 영국과도 다르다. 동맹이기 때문에 미국도 그것을 이해하리라고 나는 믿는다.

한일관계는 개선해야 한다. 민족정기와 보편적 정의, 삼권분립과 역대 정부의 일관된 입장도 살리면서 개선하는 방법을 찾아야 한다. 그러나 2023년 3월 정상회담은 한일관계의 취약성과 양국의 한계를 적나라하게 드러냈다.

윤석열 대통령은 일제 강점기의 강제징용 문제를 너무 쉽게, 그것도 일방적으로 타결하려 했다. 윤 대통령은 일본 가해기업으로부터 배상받으라는 대법원의 판결을 받은 피해자들을 한국 기업들의 모금으로 지원하겠다고 발표했다. 한미일 공조를 강화하고 싶었던 미국은 즉각 환영논평을 냈다. 그러나 윤 대통령의 결정은 개인의 청구권이 소멸하지 않았다는 한국 정부의 일관된 입장, 일본의 가해기업이 배상해야 한다는 대법원 판결, 피해자 중심주의라는 보편적 원칙을 한꺼번에 뒤집었다.

게다가 윤 대통령의 방일 중에 있었던 다른 몇 가지 일도 민감한 뒤탈을 낳았다.

일본은 마치 절호의 기회라도 얻었다는 듯이 한국을 전방위로 압박했다. 일본 측은 윤석열 대통령에게 위안부 합의 이행과 후쿠시마산 수산물 수입을 요구했으며, 독도 문제도 거론했다고 정상회담 직후에 공개했다. 일본 내각에서는 윤 대통령 임기 안에 독도문제를 해결해야 한다는 주장이 나온다고 나중에 보도됐다. 역사를 왜곡한 초등학교 교과서가 검정을 통과했다. 강제징용 문제와 관련해 일본 하야시 요시마사 외상은 "강제동원은 없었다"라고 강제성을 부인했다.

독도, 역사, 국민건강 같은 대한민국의 국가로서의 기본에 일본 측은 거침없이 도전했다. 한국은 외교부의 논평과 주한 일본 공사 초치로 대응했다. 그러나 일본 공사는 "독도는 일본 고유영토"라고 맞받았다.

한국 측은 역사에 대한 얕은 지식과 치우친 인식, 국정에 대한 둔감과 속단으로 일을 그르쳤다. 일본 측은 진실을 호도하는 자기중심적 역사인식, 한국에 대한 감춰진 오만을 쓰나미처럼 쏟아냈다. 양쪽의 '무지'와 '무례'가 만나 회오리를 일으켰다.

한일관계는 양국 정부의 주장과 달리 새로운 위기를 맞았다. 윤석열 대통령은 일본 방문 직후의 국무회의에서 한일관계 개선의 당위를 강조했지만, 그 방법의 잘잘못에 대해서는 언급하지 않았다. 2023년 3월의 한일 정상회담은 한국 국내정치와 양국 관계에 새로운 불씨가 됐다. 이대로 가면 한일관계 개선이라는 당초 목표가 실현될지도 의문스러워졌다.

2023년 4월 26일의 한미 정상회담을 앞두고 미국 중앙정보국(CIA)이 한국의 대통령실을 도청했다는 의혹이 《뉴욕타임스》 등 미국 언론에 보도됐다. 미국은 "변명의 여지가 없다"며 의혹을 시인하고 사과했으나 한국의 대통령실은 오히려 미국 측의 도청이 없었던 것처럼 덮으려 했다. 이런 굴종적 태도로 미국의 환심을 살 수 있다고 판단했는지 모르지만, 그런 국가는 그 누구의 존중도 받지 못한다. 윤석열 정부 초기에 돌출한 "신남방정책 폐기"에서부터 나는 충격을 받았다.

오래전부터 한국외교는 미국, 중국, 일본, 러시아의 4강에 지나치게 편중돼 있었다. 그것은 우리의 지정학적 숙명이지만, 동시에 뛰어넘어야 할 과제이기도 하다고 수십 년 동안 지적돼왔다. 더구나 미중관계 등 강대국 관계가 변화하고, 개도국들도 앞서거니 뒤서거니 발전하고 있다. 그런 변화는 한국에도 다변화된 대응을 요구한다. 외교 다변화는 한국 역대 정부의 오랜 숙제였다. 보수 정부에서도 마찬가지였다.

무엇이든 특정 국가에 지나치게 의존하면 후과가 따른다. 첨단 소재 부품 장비(소부장)의 과도한 일본 의존이 일본의 한국에 대한 수출규제를 불러왔고, 그것이 한국 경제에 충격을 주었던 것이 2019년의 일이었다. 편중의존은 그런 결과를 낳는

법이다. 그때 문재인 정부는 소부장 자립과 수입 다변화를 추구했고, 효과를 냈다. 지금은 한국 경제의 과도한 중국 의존이 어떤 결과로 이어지는지를 한국이 겪고 있다. '다변화'는 특정 국가에 대한 과도한 의존을 완화한다는 뜻도 내포한다.

문재인 정부의 신남방정책과 신북방정책은 외교 다변화라는 오랜 과제를 시대의 흐름에 맞게 새로 체계화한 것이다. 신북방정책은 우크라이나 전쟁으로 지금은 어렵다고 하더라도, 신남방정책은 다르다. 그것은 외교 다변화의 반영이며, 성과도 구체적으로 나타나고 있었다. 동남아는 세계적인 고도성장 지역이다. 그렇다면 신남방정책을 폐기할 것이 아니라 오히려 더 발전시키면서, 그 기반 위에 새로운 정책을 얹는 것이 국익을 위해 옳았다.

윤석열 정부는 '신남방정책 폐기'를 발설하고 반년 이상 지난 뒤에 '인도태평양(인태) 전략'을 내놓았다. 그러나 그 내용이 분명치 않았다. 미국이 '아시아태평양(아태) 전략'에서 '인태 전략'으로 전환한 데 따른 것으로 보인다. 그 내용에서는 미국도 부실했지만, 한국은 더 부실했다.

신남방정책을 인태 전략으로 전환하려 했다면, 인태 전략을 먼저 다듬어 내놓으면서 기존의 신남방정책을 발전적으로 수용했다고 설명했어야 했다. 그래야 신남방정책을 주목해온 동남아 국가들에 믿음을 주었을 것이다. 그렇게 하지 않고 신남방정책 폐기를 먼저 말해놓고, 한참 뒤에 인태 전략을 내놓은 것은 일하는 방식에서도 서투르다고 할 수밖에 없다. 그것이 동남아의 신뢰를 손상하지 않았기를 바란다.

제2장

끝없는 북핵 위기,
평화를 위한 결단

생존은 본능이다. 인간에게도, 국가에도 마찬가지다. 국가 운영도 생존을 전제로 한다. 나는 '방어'라고 해도, 상대는 '공격'으로 받아들인다. 그것이 생존본능에서 출발한 안보의 태생적 속성이다.

남북한도 생존본능을 앞세우며 그렇게 살아왔다. 남북한은 국제질서의 격랑에 몰리며 분단하고 대립했다. 그러면서도 간헐적이었지만 대화했고, 일시적이었지만 화해했다. 남북한은 긴 대치와 짧은 대화를 오가며 각자의 길을 갔다.

출구가 보이지 않는 북핵 위기, 대화하다가도 충돌로 회귀하기 일쑤인 남북관계, 한반도 평화에 대한 주변국들의 의도적 방임. 그 속에서 한국과 미국 등 관련국은 어떻게 해야 하는가.

1.
북한의
핵무장

흔히 '역사의 정의'를 말한다. 그러나 역사가 늘 정의로운 것은 아니다. 한반도가 그 증거다.

역사적 맥락

한반도는 35년 동안 일본의 식민지배를 겪었다. 그토록 강고해 보였던 일본도 미국 원자폭탄 두 발에 무조건 항복했다. 북한 주석 김일성이 핵의 위력에 처음 눈을 뜬 것이 그때였다고 한다.

1945년 일본의 항복으로 2차대전이 끝나자 국제정치는

'조폭의 세계'처럼 행세했다. 국제정치는 가해자 일본이 아니라 피해자 한반도를 둘로 갈라놓았다. 유럽에서 가해자 독일이 분단된 것과는 딴판이었다. 독일과 일본은 똑같이 2차대전의 전범국이었고 패전국이었으며 가해자였다.

1950년 북한은 6·25 한국전쟁을 일으켰다. 남북이 모두 폐허가 됐지만, 미국의 압도적 폭격을 받은 북한의 피해가 더 컸다. 북한은 인구의 20%, 도시의 50%, 사회기반시설의 80%를 잃었다. 한국전쟁은 3년 남짓 계속된 뒤에 '종전'이 아니라 '정전'됐다. 그때부터 한반도는 준(準) 전시상태에 놓였다. 이미 70년째다.

한국전쟁 직후에 한국은 세계 최강대국 미국과 군사동맹을 맺었다. 한미 양국은 합동군사훈련을 연례적으로 실시했다. 그것은 한국 방위를 위한 것이었다. 그러나 도널드 트럼프 전 미국 대통령이 말했듯이, 6·25를 경험한 북한으로서는 한미 합동군사훈련에서 위협을 느꼈을 것이다. 미국은 1958년부터 1991년까지 한국에 최대 950개의 전술핵을 배치했다. 전술핵은 한국에는 방어를 위한 것이었지만, 북한으로서는 핵 위협으로 인식될 수 있었다.

미국이 한국에 배치한 전술핵을 모두 철수한 1991년은 소련 해체로 냉전이 끝난 해였다. 1988년 서울올림픽에 중국, 소련과 동유럽 국가들이 모두 참가한 것이 냉전 붕괴의 첫 신호였다. 1989년 베를린 장벽이 무너지고, 1990년 독일이 통일됐다. 그런 기류를 타고 한국은 1990년 소련, 1992년 중국과 수교했다. 한국은 동유럽, 중앙아시아, 동남아시아, 아프리카 등의 30여 개 사회주의 국가들과 잇달아 수교했다. 노태우 정부의 '북방정책'이 그렇게 꽃을 피웠다. 한국은 외교와 함께 경제의 지평도 사회주의권으로 넓히고 수출을 늘리며, 고도 경제성장으로 내달렸다.

북한은 다급해졌다. 1991년 남북한은 유엔에 함께 가입했고, 남북기본합의서와 한반도 비핵화공동선언을 체결했다. 한국이 중국·소련과 수교했듯이, 북한은 미국·일본과 수교하고 싶어 했다. 그러나 북한은 협력상대 중국·소련을 한국에 열어주었음에도, 미국·일본을 협력상대로 얻지는 못했다. 한국은 북한의 미일 수교를 반대하지 않는다고 발표했으나, 뒤에서 견제했다. 당시 도쿄특파원이었던 나에게 일본 자민당 이시이 하지메 중의원의원 같은 이가 항의했을 정도였다. 미국도 북한과의 수교를 거절했다.

미국은 탈냉전 시대를 열었고, 한국은 탈냉전의 수혜자가 됐다. 그러나 북한에 대해서는 냉전의 사고를 견지했다. 한미 양국은 탈냉전으로 1992년 중단했던 합동군사훈련 팀 스피릿을 1993년에 재개했다. 1993년 팀 스피릿 도중에 북한은 핵확산금지조약(NPT) 탈퇴를 선언했다. 그것이 1차 북핵 위기의 시작이었다.

그런 맥락에서, 북한의 생존불안과 안보피해의식이 핵개

발의 배경으로 작용했다고 보는 것이 합리적이다. 그것을 김일성의 '주체사상'이 종교처럼 뒷받침했고, 김정일의 '선군정치'가 이어받았다.

처음부터 북한은 국가로서의 생존과 운영을 위한 이념과 체계를 독특하게 세워나갔다. 북한은 '주체사상'을 국가의 존립과 경영의 기본으로 삼았다. 주체사상은 국가뿐만 아니라 개인의 사회적 행위까지도 지배했다. 김일성이 항일투쟁 때부터 착상해 1950년대부터 연설을 통해 강조했다는 주체사상은 북한에서 종교 같은 유일사상이 됐다. 미국 조지아대학 박한식 명예교수의 저서에 따르면, 주체사상은 정치에서 자주, 경제에서 자립, 국방에서 자위를 본질개념으로 했다. 문화에도, 건축에도, 심지어 헤어스타일에도 '주체'가 등장했다.

국방에서의 자위는 핵개발로 가는 사상적 토대가 됐다. 김일성은 6·25 직후부터 핵개발을 모색했다. 김일성은 1975년 중국 국가주석 마오쩌둥으로부터 핵개발에 관한 말을 직접 들었다. 박한식 교수에 따르면, 병문안을 겸해 찾아간 김일성에게 마오쩌둥은 "석유와 원자탄이 제일 중요하다. 그것 두 개만 있으면 어디 가도 큰소리칠 수 있다. 그것이 없으면 아무리 잘난 척해도 국제사회에서 알아주지 않는다."라고 말했다. 마오쩌둥은 1964년 중국이 첫 핵실험에 성공했을 때 "어차피 써먹지 못할 물건이다. 미국이나 소련이 우리가 핵보유국이라는 것만 인정하면 된다."라고 말했다.

1994년 김일성 사망 후 김정일 위원장은 '선군정치'를 내세웠다. 김정일은 선군정치로 군부를 장악해가면서 핵개발에 박차를 가했다. 2006년 10월 9일에는 1차 핵실험, 2009년 5월 25일에는 2차 핵실험을 감행했다.

1차 북핵 위기

위기는 오래전에 잉태됐다. 1차 북핵 위기는 1993년에 시작됐다. 그러나 북한은 그보다 훨씬 전부터 핵무장을 준비했다.

북한은 1954년 인민무력부 산하에 핵무기 방위부대를 신설했다. 그것은 6·25 전쟁 중에 이미 핵무장의 필요성을 느꼈음을 말해준다. 북한은 1955년에 원자 및 핵물리학 연구소를 설치했다. 1956년에는 소련과 핵연구 협정, 원자력 협정을 체결했다.

1962년 쿠바 미사일 위기에서 소련이 발을 뺐다. 그것을 목도한 북한은 자주국방과 주체사상을 내놓으며, 핵 연구단지를 영변에 조성했다. 1963년에는 소련으로부터 연구용 원자로를 도입해 1967년 가동에 들어갔다. 1976년에는 이집트로부터 스커드 미사일을 도입했다. 1984년에는 자체개발한 스커드 미사일의 발사에 성공했다.

북한은 1985년 소련의 요구로 핵확산금지조약(NPT)에 가입했다. 그것은 북한이 핵개발을 포기하려는 것이 아니었다. 소련으로부터 핵개발을 포함한 군사적·경제적 지원을 받기 위해서였다.

1989년 동유럽 사회주의 체제가 흔들리고 있었다. 그해 9월 북한의 비밀 핵시설이 프랑스 상업위성 SPOT 2호에 의해 촬영돼 공개됐다. 그것으로 북한 핵문제가 처음으로 수면 위에 떠올랐다. 그 무렵 미국은 북한이 사용후 핵연료에서 핵무기를 만들 만한 플로토늄을 추출할 수 있게 됐다는 정보를 입수했다.

1990년대 초 냉전 붕괴는 남북한의 한반도 비핵화공동선언과 국제원자력기구(IAEA)의 북핵 사찰을 도왔다. IAEA의 북핵 사찰은 1992년 5월 25일부터 1993년 2월 6일까지 6회에 걸쳐 이루어졌다. IAEA 사찰은 도리어 북한 핵 위기의 빌미가 됐다. 1993년 2월 사찰을 마치면서 IAEA는 북한이 신고를 누락하고 핵시설을 숨겼으므로 특별사찰을 추가해야 한다고 주장했다. 북한은 IAEA가 미국의 사주를 받아 북한을 죽이려 한다고 반발했다.

한미 양국은 1992년 중단한 합동군사훈련 팀 스피릿을 1993년에 재개하기로 결정했다. 마침 한미 양국의 권력이 교체되는 시기였다. 미국에서는 1993년 1월 20일 빌 클린턴 대통령이, 한국에서는 2월 25일 김영삼 대통령이 취임했다. 북한은 한미 팀 스피릿이 진행되던 1993년 3월 8일 NPT 탈퇴를 선언했다.

그렇게 1차 북핵 위기가 급박하게 전개됐다. 북미, 한미, 남북한의 협의가 진전과 교착을 반복하며 이어졌다. 협의는 북한의 NPT 탈퇴 유보와 IAEA 사찰 수용, 한미 양국의 1994년 팀 스피릿 취소와 대북 경수로 제공을 중심으로 이루어졌다. 그러나 북한 측 인사의 '서울 불바다' 발언과 한미 양국 내부의 강경기류로 긴장이 다시 고조됐다. 미국 클린턴 행정부 안에서는 대북 선제공격이 거론됐다.

상황은 반전에 반전을 거듭했다. 가장 큰 반전은 1994년 6월 15~18일 지미 카터 전 미국 대통령의 평양 방문이었다. 카터는 김일성 주석과 두 차례 회담했다. 김일성은 북한 핵 프로그램 동결을 약속했다. 두 사람은 그해 7월 중 남북정상회담을 연다는 데 합의했다. 김영삼 대통령과 김일성 주석의 정상회담을 위해 남북 실무회담이 열리기도 했다. 그러나 김일성 주석은 7월 8일 사망했다. 카터 방북이 이루어진 데는 미국 조지아 대학 박한식 교수의 설득과 김대중 아태평화재단 이사장의 공개제안(1994. 5. 12. 워싱턴 내셔널 프레스클럽 회견)이 작용했다.

김일성-카터 회담 이후 북미 협의가 스위스 제네바에서 급속히 진전됐다. 1994년 9월 23일~10월 21일의 북미 고위급 회담은 '제네바 합의(Agreed Framework)'에 이르렀다. 북한은 NPT 에 완전 복귀하고, 모든 핵시설에 대한 IAEA 사찰을 허용하며,

핵 활동을 전면 동결하고 기존 핵시설을 궁극적으로 해체하기로 했다. 미국은 북한에 1,000MWe급 경수로 2기를 2003년까지 제공하고, 경수로 완공 때까지 매년 중유 50만 톤을 북한에 공급하기로 했다. 북한과 미국은 정치적·경제적 관계의 완전한 정상화를 추구한다는 데도 합의했다. 10월 21일 제네바 합의가 공식 체결됐다.

제네바 합의에 따라 한국은 북한 경수로 건설을 위해 법령을 정비하고, 1995년 1월 경수로지원 기획단을 설치했다. 1995년 3월 한미일 3국은 경수로사업을 추진할 한반도에너지개발기구(KEDO) 설립협정을, 그해 12월 KEDO와 북한은 경수로 공급협정을 체결했다. 총사업비는 40억 달러, 1998년 환율 변동으로 46억 달러가 됐다. 그것은 역사상 최대규모의 대북사업이 됐다. 사업비 부담은 한국 70%, 일본 22%, 미국 및 기타 회원국 8%로 배분됐다.

함경남도 금호지구 550만m²(166만 평) 부지에 2001년 9월 경수로 건설공사가 시작됐다. 그러나 북한의 고농축 우라늄(HEU) 의혹이 불거지자 미국 조지 W. 부시(아들 부시) 행정부는 2003년 12월 경수로 공사를 중단했다. 공정률 34.5%였다. 2006년 12월 12일 경수로 건설은 공식 종료됐다. 제네바 합의도 공식적으로 끝났다. 미국의 북한에 대한 중유 공급도 1994년 11월 미국 중간선거에서 공화당이 상하원 모두 승리하면서부터 지연되기 시작했다. 곡절을 겪으면서도 미국의 중유 공급이 이어지나가 2002년 12월 중단됐다.

그렇게 쉽게 무너질 거면, 왜 그렇게 거창한 제네바 합의를 이루었던가. 미국 측은 김일성 사망으로 북한체제가 경수로 건설 이전에 붕괴할 것으로 판단했다는 증언이 미국에서 나왔다. 어차피 이행하지 않아도 된다고 생각했다는 것이었다.

다시 클린턴 정부의 유연한 대처와 한국의 김대중 대통령 취임(1998. 2. 25.)으로 긴장이 관리됐다. 김대중 대통령은 클린턴 대통령과 대북정책을 긴밀히 조정했다. 1998년 8월 북한이 대포동 미사일을 발사하고 금창리 지하시설 의혹이 미국 언론에 보도되면서 북한 핵문제가 다시 급박해졌다. 클린턴 대통령은 윌리엄 페리 전 국방장관을 대북정책조정관으로 임명해 대북정책을 재조정했다. 1999년 5월 페리는 북한을 방문해 조명록 제1부위원장 등과 만났다. 10월에는 대북 포용을 기조로 하는 '페리 프로세스'를 내놓았다.

2000년 6월 13일부터 15일까지 김대중 대통령이 평양을 방문, 김정일 국방위원장과 역사상 최초의 남북정상회담을 열었다. 김대중 대통령은 김정일 위원장에게 북한 핵과 미사일 문제를 거론했고, 그에 대해 클린턴 대통령은 감사를 표시하며 남북정상회담을 평가했다. 남북정상회담으로 한반도에는 화해와 협력의 기류가 고조됐다. 1998년 11월에 시작된 금강산 관광은 더욱 활발해졌다. 2000년 8월에는 한국 기업 현대아산과 북측의 공식합의로 개성공단 건설의 기틀이 마련됐다.

2000년 10월 북한 조명록 제1부위원장의 워싱턴 방문과 미국 매들린 올브라이트 국무장관의 평양 방문이 이어졌다. 역사상 초유의 일이었다. 두 사람은 공동코뮈니케를 통해 △북한의 장거리 미사일 개발 포기 △양국 간 적대관계 청산 △미국의 북한체제 보장과 수교 △한반도 평화체제 구축을 위한 4자 회담 △미국의 대북 경제지원 △클린턴 방북을 통한 김정일 위원장과의 정상회담 개최에 합의했다고 발표했다.

그러나 그 합의는 금방 무너졌다. 클린턴은 자신과 관련된 국내문제로 방북할 수 없게 됐다. 2001년 1월에는 조지 W. 부시 대통령이 취임해 클린턴의 정책을 뒤집으며 대북 강경정책을 폈다. 훗날 클린턴은 김대중 대통령을 서울에서 만나 "당시 나에게 1년의 시간만 더 있었다면 한반도의 운명이 달라졌을 것"이라며 몹시 아쉬워했다고 임동원 국가정보원장이 회고했다. 한반도 문제를 해결하기 위해 김대중 대통령이 중재하고 클린턴 대통령이 주도한, 미국의 가장 진지했던 관여(Engagement)는 그렇게 허무하게 끝났다.

2차 북핵 위기

2001년 1월 20일 조지 W. 부시 대통령이 취임했다. 그해 9월 11일, 이슬람 근본주의 세력이 납치한 항공기로 뉴욕 세계

무역센터를 공격해 2,996명(테러범 19명 포함)의 목숨을 앗아갔다. 9·11 테러였다. 부시 대통령은 테러에 대한 전쟁을 선포하는 등 극도로 강경하게 대처했다.

부시 대통령은 2002년 1월 29일 연례교서에서 이란, 이라크, 북한을 테러지원국으로 지목하며 '악의 축(Axis of Evil)'이라고 지칭했다. 부시 행정부는 2001년의 핵 태세보고서(Nuclear Posture Review)에서 핵무기의 표적이 될 '불량국가(Rogue State)'로 북한과 중국 등을 명시한 것으로 언론에 유출됐다. 북한은 "제네바 합의의 노골적 위반"이라며 맹렬히 반발했다. 제네바 합의에서 미국은 북한을 핵무기로 위협하거나 공격하지 않는다고 다짐했었다.

2002년 10월 3~5일 미국 국무부 아태 차관보 제임스 켈리의 평양 방문으로 2차 북한 핵 위기가 시작됐다. 켈리는 북한이 고농축 우라늄(HEU) 비밀 프로그램을 가동함으로써 제네바 합의를 위반하고 있다고 비난했다. 미국 CIA는 북한이 우라늄 농축 원심분리시설에 필요한 물질을 다량 구입했다고 주장했다. 그러나 켈리보다 1개월 뒤에 평양을 방문한 도널드 그레그 전 주한대사와 언론인 돈 오버도퍼는 켈리의 주장에 의문을 표시하며 북한이 새로운 평화협정을 원한다고 말했다.

부시 행정부는 북한이 제네바 합의를 위반했다고 규정하며, 북한에 대한 향후의 중유 공급을 전면 보류한다고 발표했다. 북한은 핵 프로그램 동결을 해제하고 영변 핵시설을 재가

동한다고 발표했다. 북한은 영변 핵시설의 봉인과 감시 카메라를 제거하고, IAEA 사찰단을 추방했으며, NPT에서 최종 탈퇴했다. 북한은 제네바 합의에 따른 플루토늄 프로그램 봉인을 해제했다. 2차 북핵 위기가 격렬하게 전개됐다.

주변국들은 북미 양국을 대화에 나서라고 압박했다. 북한은 미국과의 양자 대화를 요구했다. 미국 부시 행정부는 양자 대화가 북한에 대한 보상으로 여겨진다며 거부하고, 다자 대화를 고집했다. 한국 노무현 정부와 중국의 중재로 남북한과 미국, 중국, 일본, 러시아의 6자 회담이 2003년 8월 27일 중국 베이징에서 시작됐다. 북한은 '말 대 말, 행동 대 행동'의 포괄적 합의를 요구했다. 부시 행정부는 완전하고 검증가능하며 불가역적인 비핵화(CVID)를 전제조건으로 요구했다.

6자 회담은 곡절을 거치며 2005년 9월 19일 합의에 이르렀다. 9·19 합의는 부시 행정부의 CVID 요구와 달리 '한반도 비핵화를 검증 가능한 방법으로 평화적으로 달성한다'고 명시했다. 상황이 급박하고 다른 당사국들의 중재도 작용해 미국이 양보한 것이었다. 북한은 모든 핵무기와 현존하는 핵 계획을 포기하고, 조속한 시일 내에 NPT와 IAEA 안전조치에 복귀할 것을 약속했다. 미국은 핵무기 또는 재래식 무기로 북한을 공격 또는 침공할 의사가 없다고 재확인했다. 북한을 제외한 5개 당사국은 북한의 평화적 핵에너지 이용 권한을 존중하고 적절한 시기에 경수로 제공 문제를 논의한다고 동의했다. 미국과 일본은 북한과의 관계정상화를 위한 조치를 취하기로 약속했다.

그러나 9·19 합의 바로 다음 날, 또 암초가 나타났다. 미국 재무부는 북한의 자금세탁과 달러 위조에 연관됐다며 마카오 은행 방코델타아시아(BDA)의 북한계좌 2,500만 달러를 동결했다. 북한은 6자 회담에서 철수하며 벼랑끝 전술로 되돌아갔다. 북한은 2006년 미국 독립기념일 7월 4일에 장거리 미사일 대포동 2호와 중거리 로켓을 발사했다. 그리고 10월 9일 1차 핵실험을 했다.

북한의 1차 핵실험은 HEU가 아니라 플루토늄 재처리에 의한 것이었다. 부시 행정부가 북한의 HEU 협의를 응징한다는 명분으로 제네바 합의를 무산시켜 북한으로 하여금 플루토늄 재처리 시설 봉인을 해제하게 한 것이 1차 핵실험을 가능케 했다. 만약 부시 행정부가 제네바 합의를 유지하고 HEU를 별도의 협상으로 처리했더라면, 북한의 1차 핵실험을 막았거나 적어도 늦출 수 있었을 것이다.

2차 북핵 위기는 부시 행정부의 정책 실패에 의한 것이었다는 비판이 미국 내에서 나왔다. 그 결과로 공화당은 2006년 11월 중간선거에서 참패했고, 강경 네오콘의 정치적 영향력은 일시적으로나마 퇴조했다.

북한의 1차 핵실험에 미국은 놀랐다. 미국은 북한의 6자 회담 복귀와 BDA 문제 해결을 위해 2006년 11월 북한과의 양자 대화에 나섰다. 2007년 2월에는 6자 회담을 다시 열어 9·19 합의 이행을 위한 초기 조치에 합의했다(2·13 합의). 그에 따르면, 북한은 영변의 모든 핵시설 가동을 중지하고 봉인하며, IAEA 요원을 다시 불러 필요한 감시와 확인을 받기로 했다. 미국 등 5개국은 북한에 60일 이내에 중유 5만 톤 공급을 개시하는 등 에너지를 긴급지원하기로 했다. 북미관계 정상화를 등을 위한 실무그룹도 만들어 가동하기로 했다.

10월에는 2단계 조치에도 합의했다(10·3 합의). 그에 따르면, 북한은 2007년 12월 31일까지 영변의 3개 시설(5MW 실험원자로, 재처리 공장, 핵연료봉 제조시설)을 포함한 모든 핵시설을 불능화하기로 했다. 미국은 북한을 테러지원국 명단과 적국무역법 적용대상에서 제외하고, 100만 톤의 중유를 북한에 제공하기로 했다. 2008년 6월 27일 북한은 영변 원자로 냉각탑을 폭파하는 장면을 세계에 방영했다. 미국은 북한을 테러지원국 명단에서 삭제하고, 적국무역법에 따른 북한제재를 해제했다. 부시 행정부는 CVID 요구 대신에 더 현실적인 방향으로 전환했다.

그러나 또 암초가 나타났다. 부시 행정부는 핵 프로그램과 유관한 것으로 보이는 모든 부지와 시설 또는 장소에 대한 충분한 접근, 미국 감시요원의 사진 및 비디오 촬영과 필요한 만큼의 체류 및 재방문 허용을 북한에 요구했다. 그것은 6자 회담 합의를 뛰어넘는 요구였다. 6자 회담 대표단(수석대표 크리스토퍼 힐)의 협의에 반대한 딕 체니 부통령 등 강경보수파들이 뒤에서 작용한 것이 있다. 북한은 물론 중국, 러시아, 한국도 미국의 강경한 태도가 대화를 교착시킬 것이라고 우려했다.

그렇게 6자 회담에서 중요한 합의가 이루어지면, 그 합의를 깰 만한 일이 미국에서 잇달아 나왔다. 한반도 긴장 완화를 원치 않는 딥 스테이트(Deep State, 제도 뒤에 숨은 권력집단)가 군산복합체의 지원과 영향을 받으며 협상을 깼다는 관측이 나왔다.

2008년 여름 이후 부시 대통령은 레임덕에 빠졌다. 북한 김정일 위원장은 뇌졸중을 겪으며 권력세습을 서둘렀다. 한국에서는 그해 2월 25일 취임한 이명박 대통령이 김대중, 노무현 정부의 대북정책과 성과를 뒤집으며 강경한 대북정책을 취했다. 2008년 12월 8일, 6자 회담은 공식 종료했다.

북핵 위기의 상시화

체념일까, 적응일까. 2차 이후에는 북핵 위기에 숫자를 매기지 않았다. 위기가 끝난 것이 아니었다. 북핵은 기정사실이 되고, 위기는 상시화(常時化)했다.

2009년 1월 20일 미국에서 버락 오바마 대통령이 취임했다. 북한은 취임 초기의 오바마를 시험하듯이, 다단계 대포동-2 로켓을 시험발사하고, 2차 핵실험(2009. 5. 25.)을 감행했다. 미국은 유엔 안보리 결의를 통해 북한에 대한 경제제재를 강화했다. 오바마는 북한을 상대로 과거와 같은 일을 반복하지 않겠다고 선언했다.

2010년 3월 26일 한국 서해 백령도 남서쪽 바다에서 한국 해군 초계함 '천안함'이 북한 잠수함 어뢰로 폭파돼 침몰했다. 한국 해군 장병 46명이 사망 또는 실종했다. 그해 11월 23일 북한은 서해 연평도를 포격해 군인과 민간인 4명의 목숨을 빼앗았다. 오바마 행정부는 한미일 공조를 강화하고 한미 합동군사훈련을 실시하는 것으로 대응했다.

2011년 7월 오바마 행정부는 북한과의 양자 대화를 열었다. 그해 12월 17일 김정일 위원장이 사망하고, 아들 김정은이 권력을 승계했다. 북미대화는 일시 중단됐으나 곧 재개됐다. 2012년 2월 29일 '윤일 합의'를 통해 오바마는 북한에 대해 적대적 의사가 없다고 선언하며, 24만 톤의 식량 지원을 약속했다. 북한은 핵실험, 장거리 미사일 발사, 영변 핵시설에서의 우라늄 농축을 중단하고 IAEA 사찰을 다시 받겠다고 약속했다.

그러나 상황은 다시 반전했다. 2012년 4월 13일, 북한은 장거리 로켓 은하-3호를 발사했으나 실패했다. 북한은 김일성 출생 100주년을 기념하는 위성 발사였다고 주장했다. 오바마 행정부는 2·29 윤일 합의 무효화를 선언하며, 북한과의 비핵화 대화를 끝냈다. 오바마 행정부는 그 이후의 정책을 '전략적 인내'라고 명명했다. 그것은 북한에 대한 제재를 계속할 뿐, 다른 노력은 하지 않겠다는 것이었다.

2011년 11월 오바마는 미얀마 양곤대학에서 연설하며 북한을 향해 '내민 손(Outstreched Hand)'을 언급하면서 교섭을 제안했으나, 효과는 없었다. 북한은 은하-3호 미사일 발사를 성공시켰다. 3차 핵실험(2013. 2. 12.)도 성공했다. 오바마 행정부는 한미일 공조를 강화하며 북한을 더 많은 제재와 고립과 군사훈련으로 압박했다. 오바마 행정부의 '전략적 인내'는 북한에 대한 제재와 압박을 강화해 북한을 대화 테이블로 나오게 하겠다는 것이었다. 그러나 그것은 성공하지 못했다.

북한의 핵실험은 훨씬 더 빈번하게 실시됐고, 또한 성공했다. 4차 핵실험(2016. 1. 6.), 5차 핵실험(2016. 9. 9.), 6차 핵실험(2017. 9. 3.)이 이어졌다. 그때마다 북한은 ICBM와 IRBM, 수소탄 등으로 핵 능력이 강화됐다고 발표했다. 미사일 발사는 더욱 잦아졌다. 미사일도 고도화됐다. 2017년 11월 29일 북한은 ICBM 화성15형 시험발사를 성공시켰다며 "핵무력 완성"을 선언했다.

2017년 1월 20일 미국 도널드 트럼프 대통령이 취임했다. 트럼프 대통령은 싱가포르에서 김정은 위원장과 역사상 최초의 북미정상회담(2018. 6. 12.)을 열었다. 그 결과는 핵심적이지만 선언적이었다. 새로운 북미관계 수립, 한반도 평화체제 구축, 한반도의 완전 비핵화, 미군 유해송환이 그것이다.

김정은-트럼프는 하노이에서 다시 회담했다(2019. 2. 27.~28.). 결과는 '노딜'이었다. 하노이 회담에서 북한은 영변 핵시설을 해체할 테니, 민간경제에 직결되는 5개 경제제재를 해제해달라고 미국에 요구했다. 트럼프는 회담장을 박차고 떠났다. 트럼프는 북한이 경제제재 해제를 가장 중요시하는 것은 미국의 경제제재가 효과를 내기 때문이며, 따라서 미국이 경제제재를 유지하면 북한이 CVID를 수용할 것이라고 판단했다. 그는 영변 핵시설 해체만으로는 부족하다고 말했다.

영변 핵시설은 북한 핵능력의 90%를 차지하는 곳이었다. 만약 미국이 북한의 제의를 받아들여 5개 경제제재를 해제하고 영변 핵시설을 해체했더라면, 북한 핵문제는 크게 달라졌을 것이다. 그러나 미국은 그렇게 하지 않았다. 미국이 비핵화 협상을 하기보다 오히려 깨려 했다는 관측도 나왔다. 하노이 회담 날 미국 의회에서는 트럼프에게 매우 불리한 청문회가 열렸었다. 협상 결렬로 청문회 뉴스를 덮으려 한 것이 아니냐는 것이었다.

특히 회담에 앞서 백악관 국가안보보좌관 존 볼턴은 '리비아 모델'을 거론하며 김정은을 압박했다. 리비아 모델은 리비아가 먼저 완전 비핵화를 실행하고 나중에 보상을 받는다는 '선 비핵화, 후 보상'이었다. 그러나 리비아에서는 2011년 NATO의 지원을 받은 시민군이 반정부 시위를 벌였고, 그 과정에서 리비아 지도자 무아마르 가다피가 사살됐다. 그것을 아는 북한이 리비아 모델을 받아들일 리 없었다.

그럼에도 김정은-트럼프 두 사람은 하노이 회담 결렬 4개월 만인 6월 30일 판문점에서 다시 만났다. 김정은 위원장은 트럼프 대통령에 대한 미련을 그때까지도 버리지 않았던 것으로 보인다. 그러나 성과는 없었다.

그 이후로는 남북한도, 북한-미국도 외교적 접촉을 하지 않았다. 2021년 1월 미국에서 조 바이든 대통령이 취임했지만, 정리된 대북한 정책을 내놓지 않았다. 취임 21개월이 지난 2022년 10월에야 국가안보전략(NSS) 보고서를 통해 정리된 대외인식과 정책을 발표했다. 그 중점은 한반도에 있지 않았다. 중국 견제와 우크라이나 전쟁 대처에 압도적 비중을 두었다.

바이든 행정부는 북한정책을 재검토하겠다고 말했다. 북한과 조건 없이 대화할 용의가 있다고 스무 번쯤 말했다. 그러나 취임 2년이 넘도록 재검토 결과도, 의미 있는 행동도 나오지 않았다. 북한은 미국의 정권교체 이후 도발을 약간 자제하며 미국 새 정부의 동향을 관찰했다. 그러나 미국은 아무런 행동도 하지 않았다. 2022년 북한은 ICBM을 포함한 탄도미사일만도 69발이나 발사하는 등 도발을 극단적으로 강화했다.

2.
남북관계의
진전과 좌절

역사에 직진은 없다. 때로 전진하고, 때로 후퇴하며, 때로는 우회한다. 남북관계에서는 전진과 후퇴가 훨씬 더 격렬하게 반복됐다.

남북관계의 진전

한반도 기류에는 전환의 기회가 몇 차례 있었다. 국내정치에 악용됐다는 지적이 훗날 나왔지만, 박정희 대통령의 7·4 남북공동성명(1972)과 6·23 선언(1973)은 국내외를 놀라게 했다. 그것은 상호 체제인정 등을 담았다. 북방정책을 의욕적으로 펼친 노태우 정부의 남북기본합의서와 한반도 비핵화공동선언 채택(1991. 12.)은 냉전 붕괴라는 당시의 국제정세에 부응한 획기적 사건이었다. 다만 그것들은 제대로 이행되지 못했다. 노태우 정부의 소련 수교(1990. 10.), 중국 수교(1992. 8.)와 남북한 유엔 동시가입(1991. 9.)은 실제로 이루어진 역사의 진전이었다.

김대중 대통령은 취임(1998. 2. 25.) 이전부터 제창한 햇볕정책을 기조로 대북 포용정책을 실천했다. 그는 북한 김정일 위원장과 한반도 분단 이후 첫 남북정상회담을 열었다(2000. 6. 13.~15. 평양). 두 지도자는 회담 마지막 날 발표된 6·15 선언을 통해 "남측의 연합제 안(案)과 북측의 낮은 단계의 연방제 안이 서로 공통성이 있다고 인정하고 이 방향에서 통일을 지향시켜나가기로 했다"라며 통일방안에 대해서까지 합의했다고 밝혔다.

노무현 대통령은 김정일 국방위원장과 역사상 두 번째 남북정상회담을 열었다(2007. 10. 2.~4. 평양). 그 결과로 발표된 10·4 선언은 북한 비핵화에 관한 2005년의 6자 회담 합의(9·19 공동성명) 이행을 언급함으로써 북한 핵문제를 남북정상회담 결과에 처음으로 공식 반영했다. 노무현 대통령은 평양 방문을 위해 10월 2일 분단 이후 처음으로 군사분계선을 걸어서 넘었다.

문재인 대통령과 북한 김정은 국무위원장은 2018년 4월 27일 판문점, 5월 26일 판문점, 9월 18~20일 평양에서 잇달아 회담했다. 남북한은 세 차례의 정상회담을 통해 많은 것에 합의했다. 문재인-김정은의 4·27 판문점 선언은 김대중-김정일의 6·15 선언(2000), 노무현-김정일의 10·4 선언(2007)을 재확인하며 남북관계 개선, 전쟁위험 해소, 한반도 비핵화, 평화체제 구축 등 13개 항에 합의했다. 문재인-김정은의 9·19 평양 선언은 4·27 판문점 선언을 구체화했다.

2018년 4월 27일 문재인 대통령과 김정은 위원장은 판문점 도보다리 50m를 함께 걸어 30분 동안 두 사람만의 대화를 가졌다. 그 장면은 세계에 고스란히 방송됐다. 2018년 9월 19일 밤 10시 25분부터 평양 능라도 5·1 종합경기장에서는 문재인 대통령이 15만 명의 북한 주민 앞에서 연설했다. 다음 날인 9월 20일에는 문재인-김정은 남북정상이 부인들과 함께 백두산에 올라 손을 맞잡아 들었다. 모두 역사적 사건이 됐다.

남북한은 2018년 4·27 판문점 선언을 이행하기 위한 군사합의를 그해 9월 19일 평양에서 발표했다. 그것은 일체의 적대행위를 전면 중지한다는 등 의욕적이고 파격적인 것이었다. 군사분계선 일대의 군사연습 중지, 비무장지대(DMZ) 1km 이내의 감시초소(GP) 완전 철수도 포함됐다. 문재인 정부 5년 동안 DMZ와 서해상에서 남북한 사이에 군사적 충돌이 전혀 없었다.

남북관계의 좌절

진전은 어렵고, 좌절은 쉬웠다. 성취는 느렸고, 파열은 빨랐다. 파탄의 요인이 여기저기에 숨어 있다가 한꺼번에 터졌다.

남북관계는 북미관계의 파열과 함께 문재인 정부 후반기부터 다시 어려움에 빠졌다. 문재인 정부의 가장 가시적인 성과로 설치됐던 남북 공동연락사무소는 19개월 만인 2020년 6월 북한의 폭파로 사라졌다. DMZ 부근에서 벌어진 한국 내 일부 탈북자 단체의 대북 비난전단 살포가 남북합의 위반의 시비를 일으키며 연락사무소 폭파의 빌미로 작용했다.

김대중 정부가 시작했던 금강산 관광은 2008년 7월 이명박 정부가 중단했다. 김대중 정부가 기틀을 잡고 노무현 정부가 문을 연 개성공단은 2016년 2월 박근혜 정부가 폐쇄했다. 민주당 정부가 시작한 3대 남북교류의 상징(금강산 관광, 개성공단, 남북 공동연락사무소)이 모두 사라졌다.

남북한 경제협력은 미국과 유엔의 대북제재로 막혔다. 문화교류나 인도적 지원은 북한의 거부로 제약됐다. 북한은 미국의 대북제재 완화를 한국이 돕기를 기대했다. 그러나 그것이 이루어지지 못하자 남북한 사이의 대화와 교류협력을 거부했다.

2022년 남북한은 '강대강'의 대치로 치달았다. 북한은 과거보다 훨씬 더 빈번하게 미사일을 쏘며 도발했다. 한국은 그 것을 '상시 도발'로 받아들였다. 그해 5월 취임한 윤석열 대통령은 8월 15일 광복절 경축사에서 북한이 비핵화하는 단계에 따라 대규모 경제지원을 하겠다고 북한에 제안했다. 윤석열 정부는 그것을 '담대한 구상'이라고 불렀다. 북한은 김여정 부부장을 통해 윤 대통령을 모욕적 언사로 비난하며, 그 제안을 거절했다.

9월 8일 북한 최고인민회의는 핵정책을 법제화했다. 그 자리에서 김정은 위원장은 핵을 포기하지도, 비핵화 협상을 하지도 않겠다고 선언했다. 그는 미국의 목적이 "궁극적으로는 핵을 내려놓게 하고 자위권 행사력까지 포기 또는 열세하게 만들어 우리 정권을 어느 때든 붕괴"시키려는 것이기 때문에 "절대로" 핵을 포기할 수 없다고 했다. 김정은 위원장은 미국의 궁극적 목표를 북한체제 붕괴라고 규정했다. 그것은 미국에 대한 극도의 불신을 표시한 것이었다. 그러나 그것은 체제보장이 비핵화 협상의 조건이라는 뜻도 될 수 있다.

북한의 핵정책 법제화가 처음은 아니다. 2012년 4월에 개정한 헌법 전문에 '핵보유국'을 명문화했다. 2013년 4월에는 '핵보유법'을 제정했다. 그럼에도 북한이 2022년 9월에 핵무력정책 법령을 채택한 것을 김정은은 "누구도 우리의 핵무력에 대하여 시비하거나 의문시하지 못하게 하려는 것"이라며 "핵보유국으로서 우리 국가의 지위가 불가역적인 것이 됐다"

라고 말했다. 그 법령은 북한에 대한 공격이 있을 때뿐만 아니라 임박했다고 판단할 때도 핵을 사용할 수 있다며 핵사용 조건을 넓혀놓았다.

윤석열 대통령은 10월 1일 국군의 날에 북한의 도발에 대한 강력한 응징 의지를 밝혔다. 윤 대통령은 북한을 향해 "핵무기 사용을 기도한다면 한미동맹과 우리 군의 결연하고 압도적인 대응에 직면하게 될 것"이라며 한미연합훈련을 강화하겠다고 말했다.

윤 대통령은 또한 한국형 3축 체계를 조속히 완성하겠다고 밝혔다. 북한의 핵미사일 공격 또는 위협에 대응하는 한국군의 대응체계를 말하는 3축 체계는 ①유사시 선제타격하는 킬 체인(Kill Chain) ②발사된 미사일을 요격하는 한국형 미사일 방어체계(KAMD) ③탄도미사일을 대량으로 발사해 응징하는 대량응징보복(KMPR)이다.

미국은 북한의 도발에 대응해 확장억제력을 강화하면서 동시에 대화를 모색할 것이라고 했다. 2022년 10월 12일 미국은 조 바이든 대통령 취임 21개월 만에 내놓은 최초의 국가안보전략(NSS) 보고서에서 이렇게 밝혔다.

"북한은 불법적인 핵무기와 미사일 프로그램을 계속 확대하고 있다. 우리는 북한의 대량살상무기와 미사일 위협에 맞서 확장억제력을 강화하는 한편, 한반도의 완전한 비핵화를 향한 가시적 진전을 이루기 위해 북한과의 지속적인 외교를 모색할 것이다. 인도태평양 조약 동맹국들에 대한 우리의 철통같은 약속을 재확인한다. 호주, 일본, 한국, 필리핀, 태국 등과의 동맹 관계를 지속적으로 현대화할 것이다."

2022년 여름 이후에는 남북한의 무력시위가 함께 격렬해졌다. 한국 육지와 동해에서는 2017년 이후 4년 7개월 만에 대규모 군사훈련이 펼쳐졌다. 2022년 8월부터 11월까지 4개월에 걸쳐 한미, 한미일, 또는 한국군 자체 훈련이 이어졌다. 8월에는 한미 '을지 자유의 방패(UFS)' 연합훈련이, 9~10월에는 한미연합해상훈련이, 10월에는 한국군 차제의 호국훈련이 잇달아 실시됐다.

9~10월 한미연합해상훈련에는 한국 구축함 문무대왕함과 미국 핵추진 항공모함 로널드 레이건호가 참가했다. 10월 6일에는 한일 해상전력과 함께 미사일 방어훈련을, 7~8일에는 한국 해군과 기동훈련을 함께했다. 9월 30일에는 독도에서 150km 떨어진 공해상에서 일본 해상자위대가 구축함 아사히함을 앞세워 훈련했다.

북한은 2022년 들어 전례 없이 빈번하게 미사일을 발사하며 긴장을 높였다. 한국 측의 연합군사훈련 이전부터 그랬다. 그러다가 미국과 일본까지 참가한 한국의 대규모 군사훈련이 4개월에 걸쳐 이어지자 북한은 더 격렬하게 대응했다. 북한은 2022년에 ICBM을 포함한 탄도미사일만 해도 69발이나 발사했다. 역대 최다 기록이었다. 다만 북한은 2022년까지 7차 핵실험을 하지는 않았다. 한미 양국 정상은 고위급 확장억제전략 협의체(EDSCG)도 재가동하기로 합의했다.

미국이 북한 비핵화에 실패한 데다, 북한이 핵능력을 고도화하고 미사일 도발을 상시화하자, 한국 내에서 핵무장 주장이 고개를 들었다. 미국이 1991년에 한국에서 철수한 전술핵을 재배치하거나, 한국이 독자적으로 핵무기를 개발해야 한다는 것이다. 여론조사에서도 과거보다 찬성 비율이 높아졌다. 찬성이 70%를 웃돌기도 했다.

핵무장론의 배경 가운데 하나로 작용한 것이 미국의 확장억제(핵우산)나 한국의 3축 체계에 대한 의문이었다. 만약 북한의 ICBM이 미국 본토에 닿을 수 있게 된다면, 미국의 확장억제가 한국을 지킬 수 있을 것이냐는 의문이었다. 또한 만약 북한이 고체연료 미사일을 발사하게 된다면, 한국의 3축 체계는 어떻게 작동할 것이냐는 의문도 나왔다. 한국의 3축 체계는 북한이 미사일에 액체연료를 주입하는 30분 사이에 발사 조짐을 탐지해 선제 타격한다는 개념인데, 고체연료라면 상황이 달라지기 때문이다.

나는 기본적으로 한국이 지금 비핵화 목표를 버리고 독자 핵무장으로 가는 것에 반대한다. 독자 핵무장은 미국의 반대로 가능하지 않다. 그래도 한국이 핵무장을 추진한다면 한미관계의 악화와 국제사회의 경제제재를 한국이 감당해야 하는데 그것도 쉽지 않다. 그래서 나는 한국의 전문기관이 여러 안보상

황을 상정한 복수의 로드맵을 미국과도 협의하며 준비할 것을
제안한다. 그런 준비도 없이 결론부터 내놓고 논쟁을 벌이는
한국의 정치문화와 토론문화는 바람직하지 않다.

3.
관련국의
오판과 과제

사람들은 최선의 판단을 하려고 노력한다. 지도자들은 더욱 그렇다. 그러나 역사는 지도자들의 오판으로 얼룩지곤 한다. 1993년 1차 북핵 위기 이후 30년의 역사가 그랬다.

북한

핵무장이 체제생존을 위한 선택이었다고 하더라도, 그것으로 북한은 너무 많은 것을 잃었다. 북한의 핵무력은 동북아시아와 세계의 평화와 안정을 위협해왔다. 북한은 주변국을 포함한 수많은 나라들의 경계를 받게 됐다. 그것은 북한을 국제적 고립으로 내몰았다. 미국과 유엔 등 국제사회는 경제제재를 계속했다. 북한은 그러잖아도 빈약한 재정을 핵과 미사일 개발에 쏟아부었다. 2022년만 해도 탄도미사일 69발을 쏘아 바다 밑에 묻었다. 그런 모든 요인은 북한의 경제성장과 주민생활 향상을 가로막았다. 북한은 그런 이중 삼중의 고통을 자초했다.

태도에서도 북한은 국제적으로 수용되기 어려운 방식으로 끊임없이 문제를 일으켰다. 그렇게 관심을 받고 협상을 이끌어내기도 했지만, 그 대가로 대외적 신뢰를 스스로 떨어뜨렸다. 우선 북한은 한국과 미국의 정권교체기마다 핵과 미사일로 도발했다. 북한은 긴장을 높여 협상의 지렛대를 확보하겠다고 계산했는지 모른다. 그러나 그것은 한국과 미국의 역대 정부 모두에게 불신을 먼저 심어놓고 출발하는 결과가 됐다. 그것이 북한에 유리한 지렛대가 되리라고 판단했다면, 그것은 잘못된 계산이다. 그것이 상대국 정부의 협상 의지를 처음부터 꺾어놓기 때문이다.

미국에 대해 북한은 빌 클린턴 대통령 취임 직후인 1993년 3월 핵확산금지조약(NPT) 탈퇴를 선언했다. 그 2개월 후에는 중거리탄도미사일(IRBM) 노동1호를 쏘며 무력시위를 벌였다. 버락 오바마 대통령 취임 직후인 2009년 5월에 북한은 2차 핵실험을 감행했다. 오바마 2기 취임 직후인 2013년 2월에는 고농축 우라늄(HEU)을 이용한 3차 핵실험을 했다. 도널드 트럼프 대통령 취임 직후인 2017년 2월에는 북극성2형과 스커드ER 미사일을 발사하고, 미사일 엔진 실험도 했다. 조 바이든 대통령 취임 직후인 2021년 3월에 북한은 탄도미사일을 발사했다. 2022년 5월에는 바이든이 한국과 일본을 방문하고 귀국길에 오르자마자 대륙간탄도미사일(ICBM)과 단거리탄도미사일(SRBM)을 발사했다.

한국에 대해서도 마찬가지다. 2003년 2월 노무현 대통령 취임 5일 전에 북한 전투기가 서해상 북방한계선(NLL)을 넘으며 무력시위를 벌였다. 노무현 대통령 취임 전날에는 동해에 미사일을 쏘았다. 2008년 3월 이명박 대통령 취임 1개월 남짓 지났을 때 북한은 서해에 단거리 미사일을 쏘았다. 2013년 2월 북한의 3차 핵실험은 박근혜 대통령 취임 13일 전이었다. 2017년 5월 문재인 대통령 취임 직후에 북한은 중장거리 탄도미사일을 쏘았고, 7월에는 ICBM을 발사했다. 2022년 초 문재인 대통령 임기 종료가 임박하고 후임 대통령선거 시기가 되자 북한은 미사일을 집중적으로 발사했다. 윤석열 대통령 취임 6일 전인 2022년 5월 4일 북한은 탄도미사일을 발사했다. 윤석열 대통령 취임 보름 뒤인 2022월 5월 25일에는 ICBM을 포함한 탄도미사일 3발을 쏘았다.

북한은 특유의 '벼랑끝 전술'로 협상 상대국과 국제사회를 흔들어놓곤 했다. 핵실험과 미사일 발사 같은 '벼랑끝 전술'은 상대국을 협상 테이블로 나오게 하고 양보를 끌어내기도 했다.

그런 방식으로 1차 북핵 위기에는 카터 방북과 제네바 합의가, 2차 북핵 위기에는 9·19 합의와 2·13 합의가 이루어졌다. 그러나 거의 타성처럼 돼버린 '벼랑끝 전술'은 피로를 유발하고 신뢰를 손상한다. 신뢰가 없으면 국가관계는 협력적 관계로 발전하기 힘들다.

그러던 북한이 2018년 5월 트럼프 미국 대통령의 '벼랑끝 전술'에 되치기를 당했다. 북미 싱가포르 정상회담 개최가 합의돼 있던 시기에 김정은 위원장이 중국을 두 번이나 방문해 시진핑 주석과 회담했다. 싱가포르 북미정상회담 주도권이 중국에 넘어가는 것처럼 비쳤다. 북미 실무협의도 트럼프의 욕심만큼 진척되지 못했다. 그러자 트럼프는 북미정상회담 취소를 전격 발표했다. 북한은 다급해졌다. 한국의 중재 등으로 6월 12일 싱가포르 북미정상회담이 가까스로 이루어졌다. 트럼프 대통령이 협상 상대를 흔들고 압박하는 방식은 '미치광이 전술'이라고 불렸다.

상대국가의 정권이 바뀌고 새로운 지도자가 취임할 때마다 핵이나 미사일로 도발하는 나라가 국제사회에서 '정상 국가'로 인정받기는 어렵다. 국가경제나 국민생활보다 핵과 미사일 개발에 주력하는 나라가 국제사회에서 협력의 상대로 받아들여지기도 어렵다. 그래서는 많은 국가들과 우호관계를 맺고 무역과 경제협력을 하기도 쉽지 않다. 그런 방식은 국가발전을 저해하고 주민생활 향상을 제약하게 마련이다.

한국

북한 비핵화 협상은 미국이 주도했다. 한국은 역할이 제한됐고, 잘못이 드러날 기회도 적었다. 그러나 거기에 근본적인 잘못이 있다. 한국은 한반도 평화의 최대 당사자이면서도, 북한 비핵화를 위한 주도력이나 중재력을 거의 행사하지 못한 것이 잘못이다.

한반도 평화의 이익을 가장 많이 얻을 나라도, 긴장의 피해를 가장 크게 겪을 나라도 한국이다. 그렇다면 한국은 그만한 역할을 해야 한다. 그나마 민주당 정부는 북한과 정상회담을 포함한 대화를 하고, 북미 간 중재를 위해서도 얼마간 노력했다. 그러나 민주당 정부의 중재력도 불충분했다. 더욱이 한국의 보수 정부는 미국을 더 많이 따르며 여기까지 왔다. 미국은 트럼프 대통령의 즉흥적 톱다운 북미정상회담을 제외하고는 조지 W. 부시 행정부 이후 북한과 이렇다 할 협상도, 협상 노력도 하지 않았다.

한국 스스로 역량을 키우고 북한과 상시적으로 대화할 체제와 통로를 갖추어야 한다. 북한에 대한 지렛대도, 협상의 역량도 북한과 대화해야 생긴다. 그런 지렛대와 역량을 가져야 한국이 미국 등 관련국에 주도력이나 중재력을 갖게 된다. 북한과 대화하지 않고 큰소리만 친다고 문제가 해결되는 것도 아니고, 미국 등 관련국에 할 말을 할 수 있는 것도 아니다. 그런

데도 한국의 보수 정부는 주도나 중재의 시도조차 하지 않고, 북한에 큰소리만 쳤다.

김대중, 노무현, 문재인 대통령은 남북정상회담을 열어 합의를 이루고 부분적으로라도 이행하며 남북관계를 개선했다. 그러나 정권이 교체되면 후임 보수 정부는 전임 민주당 정부의 정책을 뒤집고 성취를 부정했다. 그런 바탕 위에서 보수 정부는 준비도 덜 된 강경한 대북정책을 내놓으며, 새로운 긴장을 조성하곤 해왔다. 그러니 남북한 사이에 신뢰가 쌓일 리가 없고, 남북관계가 축적될 리도 없다.

한국은 보수도, 진보도 북한 핵문제 등 남북관계의 개선을 위한 역량을 시급히, 그리고 꾸준히 키워야 한다. 그런 토대 위에서 남북대화를 상시화하고 중재력과 주도력을 길러나갈 필요가 있다. 특히 정권이 바뀌더라도 대북정책 기조를 유지하며 남북관계를 축적시켜나가야 한다. 그러면서 미국, 중국, 일본 등 관련국에 긴밀히 설명하고 협력을 요청하며 신뢰를 쌓아나가야 한다.

미국은 최근 10여 년 동안 북한 문제에서 거의 손을 놓았다. 바이든 행정부도 북한 문제에는 관심이 그다지 없다. 그렇기 때문에 더욱더 한국 정부가 대안을 제시하고 역할을 수행해야 한다. 그것이 미국 행정부를 돕는 결과가 된다고 나는 생각한다. 관심이 낮은 미국만 쳐다보며 한국도 노력하지 않는다면, 비핵화와 평화는 어느 세월에 이룰 것인가.

미국

기본적으로 미국에는 북한과의 대화를 싫어하는 기류가 집요하게 흐른다. 조지 W. 부시 대통령이 북한을 '악의 축'으로 지목했듯이, 미국에는 북한을 악한 존재로 규정하며 대화상대, 협상대상으로 인정하지 않으려 하는 흐름이 상존한다. 그러나 협상은 좋아서 하는 것이 아니라, 필요하니까 하는 것이다. 하고 싶은 일만 하려 한다면, 그것은 지도국가의 태도가 아니다.

미국의 딥 스테이트와 배후의 군산복합체가 영향력과 경제적 이익을 위해 북한을 악의 존재로 묶어두려 한다는 의심이 가시지 않는다. 세상을 선악으로 구분하는 세계관이 북한정책의 기조를 그렇게 유도한다는 해석도 있다. 그래서 북핵 위기를 포함한 한반도 긴장이 해소 또는 진정되려 하면, 그들이 뭔가를 일으켜 분위기를 다시 위기와 대립으로 몰아간다는 것이다. 실제로 이제까지의 비핵화 협상에서는 합의가 이루어지면 그것을 깨는 움직임이 바로 나오곤 했었다. 부시 행정부에서도, 트럼프 행정부에서도 그랬다.

미국의 북한정책은 제재와 압박과 봉쇄를 기조로 해왔다. 제재와 압박과 봉쇄를 강화하면 북한이 고통을 견디지 못해 대화 테이블에 나올 것이고, 결국 비핵화에 이를 수 있을 것처럼 미국은 말해왔다. 그러나 결과는 북한의 비핵화와 개방이 아니라, 핵능력 강화와 중국 의존 심화로 나타났다.

미국 주도의 경제제재가 북한에 고통을 주었지만, 그 고통은 권력층이 아니라 주민에게 돌아갔다. 김정은 위원장은 미국과 유엔의 경제제재가 강화되던 2021년 4월 '고난의 행군'을 로동당 세포조직에 주문했다. 북한 사회에 '고난'이 진행되고 있다는 방증이다. 그런데도 북한은 핵과 미사일 개발을 계속 고도화했다.

북한의 대외 전술은 대립과 대화를 오락가락하지만, 일정한 패턴이 있다. 미국과 협상할 때는 도발을 멈추고, 협상이 멎으면 도발한다는 사실이다. 그런 흐름은 미국 싱크탱크 국제전략문제연구소(CSIS) 존 햄리 소장도, 리사 콜린스 연구원도 인정했다. 미국 평화연구소(USIP) 아시아센터 동북아시아 수석전문가(Senior Expert) 프랭크 엄 박사는 2022년 10월 워싱턴DC에서 열린 한 포럼에서 구체적으로 말했다.

"부시 행정부 초기, 오바마 행정부의 대부분, 바이든 행정부의 모든 기간에 했던 것처럼 북한을 고립시키고 압박하면 북한은 좋게 반응하지 않는다. 압박은 북한의 독자적 억지력 개발을 가속화시키는 것으로 보인다. 올해 바이든 대통령과 윤석열 대통령이 합동군사훈련의 규모와 범위를 확대하고 전략자산의 한반도 배치를 재개하기로 결정한 것은, 2013년 오바마 대통령과 박근혜 대통령이 북한의 3차 핵실험 등에 대한 대응으로 결정했던 것과 똑같아 보였다. (한미 양국의) 그런 방어조치에 북한은 2013~2017년에 어떻게 반응했던가. 북한은 세 차례의 핵실험과 90회 이상의 미사일 시험 등으로 핵무기 프로그램을 엄청나게 발전시켰다. 그래서 나는 앞으로 2~3년 안에 북한으로부터 긍정적인 그 무엇을 볼 것인가에 대해 아주 비관적이다."

"반면에 우리(미국)가 북한과 관계(Engage)하면 북한은 더 좋게 행동하는 경향을 보인다. 제네바 핵합의 이후 8년 동안 (1994~2002), 북한은 딱 한 번 미사일 시험을 했고, 플루토늄 재처리를 전혀 하지 않았다. 2011년, 2018년 2월 29일의 '윤일 합의'를 위한 협상 기간, 2018년 싱가포르 북미정상회담을 위한 협상 기간에는 (북한의) 무기 실험이 없었다. 우리는 무엇이 효과를 내는지를 안다."

1994년 제네바 합의 이후 미국과 북한은 여러 부문에서 교류했다. 1996년부터 2005년까지 미군과 북한군은 북한에서 33회나 합동작업을 벌여 6·25 미군 유해 156구를 발굴했다. 2007년부터 2011년까지 북한 태권도단이 미국의 여러 도시에서 시범공연을 했다. 2008년에는 뉴욕 필하모닉 오케스트라가 평양에서 미국 국가와 〈아리랑〉 등을 연주했고, 그것이 북한 전역에 방송됐다. 2013년에는 미국과 서방의 과학자들이 북한 과학자들과 함께 백두산 화산을 탐사했다. 또한 수십 명의 미국 교사들이 북한에서 영어, 금융, 엔지니어링, 과학기술을 수백 명의 학생들에게 가르쳤다. 미국의 핵물리학자가 네 차례의 영변 핵시설 방문을 포함해 일곱 차례나 북한을 찾아 북한 핵능력을 살피기도 했다.

　그 후로 미국은 자국민의 북한 여행을 금지했다. 미국 의회 대표단의 북한 방문도 2008년 이후 중단됐다. 트럼프 대통령의 즉흥적 결단에 따른 북한과의 정상회담이 2018년 6월 싱가포르에서 열리고 2019년 2월 하노이에서 결렬된 것을 제외하고는, 북한과 미국의 외교적 교섭도 사라졌다. 바이든 행정부도 북한에 대해 조건 없이 대화의 문을 열어놓고 있다고 스무 번이나 말했을 뿐, 행동은 하지 않았다.

　미국은 골치 아픈 상대와 협상하기보다 압박하고 외면하는 길이 손쉽다고 여길지 모르지만, 많은 것을 잃었다. 미국이 북한과 대화하지 않고 압박과 고립에 치중하는 동안 북한은 제한 없이 핵무기와 미사일을 개발했고, 중국에 심하게 밀착했다. 오랜 기간 대화하지 않은 결과로 북한과의 협상 경험을 가진 전문 인력이 미국에서 급격히 줄어들고 있는 것도 미국의 손실이다.

　지금 미국은 북한에 대한 지식이 불충분하고, 한반도 평화에 대한 접근이 지나치게 단순하며, 북한 문제에 임하는 태도가 경직돼 있다. 미국에는 북한피로(North Korea Fatigue)가 있다. 북한은 거짓말을 잘하고 약속을 지키지 않으며 비핵화에 관심도 없는 나쁜 상대라고 미국은 생각한다. 그래서 북한이 먼저 의미 있는 비핵화 조치를 취해야 대화할 수 있다고 미국 측은 말한다. 그러나 북한은 그것을 거부했다.

한동안 미국은 북한이 곧 붕괴할 것처럼 생각했지만, 그것은 무지의 반영이었다. 경제제재를 강화하면 북한이 투항할 것처럼 전제하며 대북 봉쇄정책을 계속해왔지만, 그것은 과신이었다. 트럼프 행정부의 존 볼턴 국가안보보좌관은 '리비아 모델'을 공개 거론하면서 북한이 비핵화에 응하기를 기대하기도 했으나, 그것은 오만이었다. 그런 일은 일어나지 않았다.

중국

북한 핵문제에 대한 중국의 태도는 확연하지 않다. 중국 정부와 지도자들은 한반도의 평화와 안정을 위해 '건설적 역할'을 해왔고, 앞으로도 그럴 것이라고 말한다. 그러나 실제로 중국이 어떤 역할을 하는지는 투명하지 않다.

중국이 '건설적 역할'을 했던 기간도 있다. 2002년에 시작된 2차 북한 핵 위기를 한때나마 타개한 것은 6자 회담이었다. 당시 북한은 미국과의 양자회담을, 미국은 다자회담을 고집했다. 그것을 한국과 중국이 중재해 2003년 8월 베이징에서 6자 회담을 시작했다. 역시 한국과 중국의 중재로 2005년 9월(9·19 합의)과 2007년 2월(2·13 합의)에 합의를 이루어냈다. 중국의 '건설적 역할'이 그 합의에 기여했다. 중국은 김정은 체제 초기의 북한 핵개발에 대한 유엔의 대북한 제재결의에도 동참했다.

그러나 언제부턴가 중국은 유엔 제재결의와 달리 북한을 지원한다는 의심을 받았다. 2022년 중국은 러시아와 함께 북한의 도발과 관련한 유엔 안보리의 규탄 또는 제재에 반대하기 시작했다. 2022년 4월 6일 중국 외교부는 대변인 발표를 통해 유엔 안보리의 대북한 제재에 앞으로 계속 반대하겠다고 발표했다. 북한에 대한 제재와 압박 일변도 정책의 장기화는 비핵화에 역작용을 했다고 나는 생각한다. 그러나 중국의 셈법은 복잡한 듯하다.

중국으로서도 북한이 핵보유국이 되는 것은 바람직하지 않을 것이다. 그러나 중국은 북한 비핵화 협상 과정에 중국의 존재감이 엷어지는 것은 원치 않는 것으로 보인다. 중국은 혹시라도 북한이 미국 또는 한미 양국에 기울어 중국의 역할이 줄어드는 것은 바라지 않는 것 같다. 중국은 미중경쟁에서 유리한가, 불리한가로 북한 핵문제를 대하고 있는 것도 같다. 그러다 보면 중국은 미국의 대북한 행동과는 다른 방향으로 가려는 유혹을 받을 것이다. 그것은 북한에 대한 국제사회의 압력 또는 설득을 느슨하게 만든다.

실제로 이런 일이 있었다. 2018년 6월 12일 싱가포르에서의 김정은-트럼프 정상회담을 앞두고 시진핑 중국 주석은 김정은 위원장을 두 차례나 중국으로 초청해 회담했다. 그해 3월에는 베이징에서 비밀리에 회담했고, 5월에는 다롄에서 공개 회담하면서 해변산책을 연출하기도 했다. 두 지도자의 해변산책은 그 직전인 4월 27일 문재인-김정은 남북 정상의 판문점 도보다리 산책을 연상시켰다.

북한으로서는 북미정상회담을 앞두고 대미 협상력을 높이기 위해 중국의 지지를 과시하는 의미가 있었을 것이다. 중국으로서는 북한에 대해 중국으로부터 멀어지지 못하게 하고, 미국과 국제사회를 향해서는 중국의 대북한 영향력을 과시하고 싶었을지도 모른다. 그 일로 트럼프 대통령은 북미정상회담 취소를 전격 발표했다. 그러자 북한은 다급해졌고, 한국이 중재에 나서 역사상 최초의 북미정상회담을 가까스로 성사시켰다.

2022년 11월 14일 미중정상회담에서는 이런 일이 있었다. 인도네시아 발리에서 열린 조 바이든 대통령과 시진핑 주석의 첫 대면 회담에서 바이든은 북한 핵문제를 거론했다. 바이든은 북한이 장거리 미사일 시험발사나 핵실험을 해서는 안된다는 것을 북한에 분명히 해야 할 의무가 있다고 시진핑을 압박했다. 그에 대한 시진핑의 반응은 중국 측 발표문에 나타나지 않았다. 다만 왕이 외교부장이 "시 주석은 중국의 기존 입장을 서술했다"라며 "한반도 문제의 근본원인이 어디에 있는지 직시하고 각 측의 우려, 특히 북한의 합리적인 우려를 균형적으로 해결하는 것을 견지해야 한다고 강조했다"라고 밝혔다. 시진핑은 바이든의 요구를 거절한 것이었다.

일본

일본도 2003년부터 2009년에 걸쳐 단속적으로 열렸던 6자 회담에서 나름의 역할을 했다. 북한 비핵화와 대북 경수로 지원, 북미관계 정상화 등을 담은 2005년의 9·19 합의, 2007년의 2·13 합의는 일본과 러시아도 함께한 타협의 산물이었다. 이행되지 않았지만, 그 타협은 다자회담의 가능성을 보여준 것이었다.

그러나 일본은 북한에 의한 '일본인 납치 문제'의 해결을 6자 회담 테이블에 올리자고 고집해 회담의 진척에 어려움을 초래했다. '일본인 납치 문제'는 일본 국내정치에서 최대 현안의 하나였다. 그렇다고 일본이 자국의 현안을 6자 회담에 끌어들이려 한 것은 다른 당사국들의 반발을 샀다.

2008년에도 이런 일이 있었다. 미국 부시 행정부는 북한이 핵신고를 이행하면 북한을 테러지원국에서 빼겠다고 발표했다. 아베 신조 일본 총리는 반발했다. 다만 아베는 레임덕에 빠져 있었고 곧 물러났다.

2018년에는 더 심한 일이 있었다. 트럼프 대통령의 국가안보보좌관 존 볼턴의 회고록 『그 일이 있었던 방』은 일본의 이상한 행태를 적나라하게 드러냈다. 나는 볼턴의 회고록을 모두 신뢰하지는 않지만, 두 번째 집권한 아베 총리와 관련된 대목 가운데는 이런 내용이 있다.

2018년 6월 싱가포르 북미정상회담을 앞두고 아베 총리는 트럼프 대통령에게 비현실적인 강경방안을 제안했다. 그해 4월 트럼프와 가진 회담에서 아베는 "(김정은) 위원장을 믿지 않는다"라는 말을 여러 차례 되풀이하며 강경한 제안을 했다. 트럼프의 플로리다 별장 마라라고에서 가진 회담에서 아베는 트럼프에게 "6~9개월 내에 (북한) 비핵화를 완료해야 한다. […] ICBM과 함께 중단거리 미사일도 폐기해야 한다."라고 요구했다. 아베는 트럼프에게 "오바마보다 더 강하게 밀고 나가라"라고도 말했다.

아베 총리의 발언은 볼턴이 야치 쇼타로 일본 국가안보국장을 통해 전달한 것이었다고 볼턴 회고록에 적혀 있다. 볼턴은 회고록에서 "아베는 내 말을 교과서처럼, 아니 주술처럼 암송하고 있었던 것이다"라고 썼다. 볼턴은 아베가 머리 좋고 행실도 영리하다고 칭찬했다. 아베가 미국의 군산복합체와 딥 스테이트를 잘 안다는 것이 칭찬의 이유였다. 나중에 트럼프는 북한과의 협상이 실패한 것은 볼턴 때문이었다고 말했다.

당시에 한일관계가 나빴던 것이 아베 총리에게 영향을 미쳤을 수도 있다. 박근혜 정부와 아베 정부가 만들었던 한일 위안부 합의를 문재인 정부가 사실상 폐기했다고 해서 한일관계가 불편하던 시기였다. 그러나 북한 비핵화 같은 한반도 평화 문제는 다른 한일 양자 현안과 분리해 대처할 사안이다.

기본적으로 일본과 미국에는 한반도의 긴장완화를 바라

지 않는 세력이 있다. 2022년 말 워싱턴DC에서 열린 한 토론회에 일본과 미국의 분석가가 함께 내놓은 발표문에는 이런 대목이 있었다. 한반도 비핵화가 진전되고 평화가 증진되면 주한미군 철수 요구가 나오고 한미동맹이 약화될 수 있다는 것이었다. 그것은 본말이 전도된 주장이다. 주한미군은 한반도 평화를 위해 존재한다. 그러나 그들은 주한미군의 존재를 위해 한반도 긴장이 필요한 것처럼 주장했다. 그것은 또한 지극히 편협하고 무지한 주장이다. 냉전이 끝났다고 해서 독일 또는 일본 주둔 미군이 철수한 것도 아니고, 미독동맹이나 미일동맹이 약화된 일도 없었다. 자기네가 바라는 그 뭔가를 위해 한반

아베 신조 일본 총리. 나루히토 일왕 즉위식에 참석한 길에 그와 회담했으나 한일 현안을 타결하지는 못했다. 총리가 되기 이전의 그와는 친했으나 총리가 된 이후에는 오히려 서먹해졌다. (2019. 10. 일본 도쿄)

도에 긴장이 유지되기를 바란다면, 그것은 우방의 태도가 아니다. 한반도에는 7천만 명의 한민족이 외국인들과 함께 살고 있다.

러시아

러시아도 2차 북핵 위기에 6자 회담의 멤버로서 일정한 역할을 했다. 그러나 지금은 우크라이나 전쟁으로 다른 문제에 관여하기 어렵게 됐다.

러시아는 2022년 2월 우크라이나 침공으로 전쟁을 야기했다. 블라디미르 푸틴 대통령의 침공 결정은 자유주의적 국제 규범을 시험대에 올려놓았다. 우크라이나 전쟁은 세계 주요 국가들을 두 진영으로 나누며 신냉전 기류를 재촉했다. 우크라이나 전쟁이 어떻게 끝나느냐에 따라 세계질서는 크게 영향받을 것이다. 푸틴의 운명도 그것에 걸려 있다.

러시아의 한반도에 대한 영향력은 미국, 중국에 비해 약하고, 그들의 관여는 일본만큼 집요하지 않다. 그럼에도 러시아는 여전히 한반도 역학관계의 한 축을 차지한다. 러시아 스스로도 일정한 개입 의지와 부분적 대북 영향력을 가지고 있다. 러시아는 한국과도 에너지를 포함한 경제적 관계를 유지하고 있다. 따라서 우크라이나 전쟁과 한반도의 연계성은 분명히 존재하며, 북중러 대 한미일의 대립구도는 한반도의 긴장을 높인다.

블라디미르 푸틴 러시아 대통령과 2018년에 회담했다. 그는 2022년 2월 우크라이나를 침공해 2차 대전 이후 확립된 세계질서를 시험에 빠뜨렸다. (2018. 9. 러시아 블라디보스토크)

4.
평화를 위한
다섯 가지 제언

많은 기회를 놓쳤다. 그렇다고 포기할 수는 없다. 다시 시작해야 한다. 과거의 반성에서 다시 출발할 수 있다. 새로운 결단으로 판을 바꿀 수도 있다.

'한미일 대 북중러'의 대립구도에 매몰되지 말자

지금 한반도는 '한미일 대 북중러'의 대립구도로 되돌아가려 하고 있다. 마치 냉전 시대가 다시 나타나려 하는 것처럼 느껴지기도 한다. 지금의 미중 전략경쟁이 신냉전인지 아닌지에 대해서는 논의가 분분하지만, 적어도 한반도에는 신냉전의 기류가 좀 더 짙게 형성되고 있는 것이 사실이다.

미국은 한국 및 일본과의 공조를 강화하며 중국을 견제하려 하고 있다. 중국은 북한 및 러시아와의 공조를 강화하며 대응하고 있다. 그러나 '한미일 대 북중러'의 대립구도가 고착해버리면, 한반도는 전면적인 긴장에서 벗어나기 어렵다.

한국은 한미일 공조를 강화하면서도 남북대화를 통해 긴장을 낮추고 미국, 중국, 일본, 러시아 등 관련국에 대한 지렛대를 가져야 한다. 남북대화가 그 출발이다. 한국은 또한 중국과도 건설적 관계를 유지할 필요가 있다. 특히 나는 미국이 북한과 수교하기를 바란다. 미국이 북한과 수교한다면, 그것은 미중 전략경쟁의 판을 바꾸는 게임체인저가 될 수 있을 것이다. 물론 한반도 긴장도 완화할 것이다.

국방력을 조용하게 그러나 확실하게 강화하자

평화는 말로 얻어지는 것이 아니다. 확실한 안보가 평화를 담보한다. 북한은 이미 핵무력을 강화하고 있다. 미국의 북한 비핵화 노력은 실패했다. 그래서 최근 한국에서는 핵무장론이 대두했다. 국민의 찬성 여론도 전례 없이 높아졌다. 일부 여론조사에서는 앞서 밝혔듯, 찬성이 70%를 넘었다.

핵무장에는 세 가지 방법이 있다. 그 어느 것도 미국은 반대한다. 첫째는 전술핵 재배치다. 미국은 1958년부터 1991년까지 한국에 최고 950기의 전술핵을 배치했었다. 그것을 다시 배치하자는 것이다. 그러나 난점이 있다. 전술핵을 어디에 배치할 것인가. 지상에 배치하면 상대의 표적이 된다. 한국의 어느 지역이 그것을 받아들일까. 해상이나 공중에 발사대를 두면, 상대의 표적을 맞추기 어렵다. 둘째는 핵공유다. 유럽이 미국과 핵을 공유하고 있다. 그러나 핵을 공유하면 통제권은 미국이 갖는다.

가장 유력한 주장은 독자적 핵개발이다. 1970년대에 한국이 그것을 시도하다 미국의 제지로 포기했다. 한국의 독자적 핵개발은 미국이 가장 강하게 반대한다. 국제사회도 반대한다. 만약 한국이 독자적 핵개발을 추진하면 한미관계가 악화하고 국제사회의 경제제재가 들어올 것이다. 경제제재로 한국의 핵원료 수입을 봉쇄할 수도 있고, 그렇게 되면 한국은 원자력 발전을 중단해야 할지도 모른다. 그것을 한국이 감당할 수 있을까. 핵무기 개발 과정 못지않게 그 이후의 제반 비용을 냉철하게 고려해야 한다. 미국 최고의 핵전문가 지크프리드 헤커 스탠포드대학 교수는 한국의 독자적 핵개발이 오히려 한국의 안보를 위태롭게 하고 경제를 압박할 것이라고 지적했다.

그래서 나는 두 가지 대안의 병행을 제안한다. 하나는 여러 안보 상황을 고려한 복수의 로드맵을 준비하는 것이다. 한국의 가장 전문적인 기관이 미국과도 협의하며 로드맵을 준비해갔으면 한다. 그런 준비도 없이 핵무장의 결론을 내놓고 논쟁부터 벌이는 것은 지혜롭지 못하다. 또 하나는 문재인 정부가 추진했던 것처럼 비핵 첨단무기 개발을 가속화하는 것이다. 문재인 정부는 미국과의 외교협의를 통해 한미 미사일지침을 폐지했다. 그에 따라 미사일 탄두중량과 사거리 제한을 없앴고, 현무 시리즈 같은 첨단 미사일을 개발하는 데 성공했다. 그 결과로 한국은 국방력 세계 6위의 국가가 됐다. 그것을 더 가속화하자는 것이다. 핵추진 잠수함 개발도 계속 진행해야 한다.

미국·일본에도 할 말은 하자

미국은 한국의 유일한 동맹이다. 동맹의 신뢰도, 공유하는 가치도 지켜야 한다. 일본은 한미일 공조의 한 축이다. 미중 전략경쟁에서 한미일 공조는 불가피하다. 그렇다고 해서 미국, 일본에 끌려다니기만 해서는 안 된다. 한국의 안보와 생존을 위해 할 말은 해야 한다. 한국의 안보이익이 미국·일본과 완전히 일치하는 것은 아니다.

미국은 중국이 대만을 무력으로 통일한다면 2027년이 가장 위험하다고 보고 있다. 그 경우에 미국이 대만을 군사적으로 지원한다면, 주한미군을 대만으로 보낼 것인가.

미국의 일부 전문가들은 한국이 주한미군의 대만 파견에 동의해야 한반도 유사시에 다른 우방의 도움을 받을 수 있을 것이라고 주장한다. 그러나 한국은 같은 미국의 동맹이라고 하더라도 일본이나 호주와는 안보여건이 다르고, 따라서 주한미군의 대만 파견은 안 된다고 분명히 말해야 한다. 미국이 '두 개의 전쟁'을 치르기 힘든 것이 사실이라면, 주한미군의 대만 파견은 한국의 안보 공백을 야기하고 위험한 상황을 초래할 수도 있다.

한반도의 긴장이 완화되고 평화가 증진되면 주한미국 감축 주장이 나오고 한미동맹이 약해지리라는 우려로 미국과 일본에 한반도 긴장을 바라는 세력도 있다고 앞서 밝힌 바 있다. 그러나 2000년 남북정상회담에서 김대중 대통령이 김정일 북한 위원장에게 말했던 것처럼, 한반도 통일 이후에도 동북아시아 평화를 위해 미군이 필요하다고 나는 생각한다. 그런 점을 미국과 일본에 말할 수 있어야 한다.

중국·러시아에도 분명히 하자

중국과 러시아는 한미동맹의 강화를 경계하고 비난한다. 중국은 주한미군의 사드(THAAD, 고고도 미사일 방어체계) 배치를 비난하며 은밀한 경제·문화 제재를 한국에 가하기도 했다.

그러나 한국은 분명히 말해야 한다. 무엇보다도 안보와 국가생존에 관해서는 한국의 태도가 분명해야 한다. 한국은 핵무기를 가진 북한의 도발 위험에 노출돼 있기 때문에 미국과의 동맹을 강화하고 방어체계를 갖추는 것은 불가피하다고 확실히 말해야 한다. 한국과 미국이 같은 민주주의 국가로서 가깝게 지내는 것 또한 당연하다고 말해야 한다.

만약 사드 같은 방어체계가 싫다면, 중국과 러시아가 북한의 비핵화를 설득해야 한다고 우리가 말해야 한다. 중국과 러시아는 2003~2009년 6자 회담에 참여해 북한 비핵화에 협력했다. 그러나 그 후에는 애매한 태도를 취하며 북한을 지원했다. 중국이 미중경쟁에서의 유·불리로 북한의 핵무장 강화를 바라본다면 그것은 지도국가의 책임 있는 태도가 아니다.

북한의 현실을 인정하며 대화하자

1993년 1차 북한 핵 위기가 시작된 이래 30년이 지났다. 그동안 미국은 북한과 간헐적으로 협상했고, 한국은 그때그때 미국과 협의하는 방식으로 관여했다. 그러나 모든 협상이 결과적으로 실패했다. 그 실패의 원인을 되짚어보며 남북대화를 추진해야 한다. 미국 빌 클린턴 행정부 시절의 페리 보고서가 지적했듯이, 우리가 원하는 북한이 아니라 있는 그대로의 북한(North Korea as it is, not as we might wish it to be)을 인정하고 상대해야 한다. 나는 미국 대학에서 강연하며 이 점을 집중적으로 제기했다. 자세한 내용은 부록에 실은 나의 강연을 참고하기 바란다.

첫째, 북한체제의 생존욕구를 인정해야 한다. 북한은 6·25를 일으켰지만 미국의 압도적 화력에 파괴됐고, 1958~1991년에는 남한에 배치된 미국 전술핵에 노출됐다. 냉전 붕괴 이후 한국은 외교적·경제적 지평을 확대하며 고도성장으로 질주했지만, 북한은 외교적·경제적 고립에 내몰렸다. 북한은 안보 피해의식과 체제생존 욕구에서 핵개발을 시작했다. 북한의 핵개발은 비난받아 마땅하지만, 북한의 체제생존 욕구를 무시하고는 북한 핵문제를 타개하기 어렵다.

둘째, 북한이 곧 붕괴할 것이라고 오판하지 말라. 북한도 동유럽 사회주의 국가들처럼 내외의 충격으로 붕괴할 것이라는 생각이 보수세력 내부에 있다. 그런 생각으로 미국은 북한과의 협상에 소극적이었거나 합의를 이행하지 않았다. 그러나 북한 붕괴론은 오판이었다. 김일성과 김정일의 사망에도, 수십만 또는 최대 3백만 명이 굶어 죽은 1990년대 '고난의 행군'에도 북한체제는 유지됐다. 고통이 커지면 북한은 외부를 향한 적개심과 내부 결속을 오히려 강화했다.

셋째, 대북 압박효과를 과신하지 말라. 한국의 보수 정부와 미국은 북한에 경제제재를 계속하면 북한이 굴복할 것이라고 기대했다. 그러나 기대와 달리, 북한은 핵개발을 강화하며 중국 의존을 확대했다. 천안함 사건 이후 이명박 정부는 개성공단 이외의 대북 경제협력을 중단했고, 북한이 핵실험을 계속하자 박근혜 정부는 개성공단을 폐쇄했다. 윤석열 대통령은 북한이 핵개발을 계속하면 북한에 1원도 주지 않겠다고 공언했다. 윤석열 정부는 통일부의 남북교류 조직도 줄였다. 그런 정책의 결과는 기대와 반대가 되기 쉽다.

넷째, 완벽주의적 접근의 함정에 빠지지 말라. 미국은 북한과의 협상에서 모든 것을 한꺼번에 얻으려 하거나, 북한과 일단 합의한 것을 이행하기도 전에 기존 합의를 뛰어넘는, 훨씬 강한 요구를 꺼내곤 했다. 그 같은 전부 아니면 전무(All or Nothing)의 접근은, 협상을 깨려는 딥 스테이트의 작동이었는지도 모른다는 의심을 샀다. 결과적으로 협상은 깨졌고, 북한은 상대를 믿지 않게 됐다.

다섯째, 대북정책의 일관성과 중재력을 확보하라. 정권이 바뀌면 대북정책도 바뀌는 악순환이 한국에도, 미국에도 있다. 그렇게 해서는 북한과 지속적인 대화를 가질 수 없다. 이제라도 한국은 정권이 바뀌더라도 대북정책의 골격은 유지하도록 제도화 또는 관행화할 필요가 있다. 그래야 남북 사이에 신뢰가 쌓이고, 남북관계가 진전된다. 독일에서 사민당 빌리 브란트 총리의 동방정책을 기민당 헬무트 콜 총리가 계승해 통일을 이루었던 일을 기억해야 한다.

동시에 한국은 대북정책의 주도력과 중재력을 확보해야
한다. 민주당 정부는 북미대화를 위해 때로 미국에 제안하거나
대화가 교착됐을 때는 중재하기도 했다. 한국이 한반도 문제에
관해 미국, 중국, 일본 등에 역할을 하려면 남북대화를 해야 한
다. 민주당 정부가 부족했지만 그나마 중재할 수 있었던 것도
남북대화를 했기 때문이었다.

제3장

미중경쟁 격화시대, 번영을 위한 선택

신냉전(New Cold War)인가. 신냉전 초입인가. 차가운 평화(Cold Peace)인가. 미중경쟁을 놓고 논쟁이 분분하다. 세계질서는 그만큼 큰 변곡점에 섰다.

대한민국이 미중 협력 분위기에서 안보와 경제를 편하게 운영했던 탈냉전 시대가 끝났다. 이제는 미중 사이에서 때로 양자택일을 강요받는 시련의 시대가 왔다. 탈냉전 시대에 한국은 한미동맹과 한중 경제협력의 기회를 함께 활용했다. 이제 한국은 그런 기회를 예전처럼 누리기 어렵게 됐다.

안보와 경제에는 국가생존이 걸려 있다. 그런 문제에서 한국은 무엇을 어떻게 해야 하는가. 시대는 고도의 지혜와 정교한 전략을 한국에 요구한다.

1.
냉전의 끝과
미중경쟁의 시작

과거가 미래에 그대로 반복되는 것은 아니다. 그러나 과거를 알면 미래가 조금 더 잘 보인다. 인류는 그렇게 발전해왔다.

냉전의 처음과 끝

냉전은 미국과 소련이 세계를 나누어 통제하며 대치한 기간이다. 흔히 냉전은 미국에서 트루먼독트린이 나온 1947년부터 소련이 해체된 1991년까지를 말한다.

트루먼독트린은 1947년 3월 미국 대통령 해리 트루먼이 선언한 외교원칙이다. 그것은 공산주의 세력의 확대를 저지하기 위해 그리스, 튀르키예 등 관련 국가들에 군사적, 경제적 원조를 제공한다는 것이었다. 트루먼독트린은 유럽부흥계획(마셜플랜)과 북대서양조약기구(NATO)로 발전했다. 소련의 팽창을 저지하기 위해 마셜플랜은 경제적 지원을, NATO는 군사적 협력을 제공했다.

트루먼독트린은 1969년의 닉슨독트린에 의해 수정됐다. 닉슨독트린은 미국 대통령 리처드 닉슨이 1969년 7월에 발표한 새로운 대외정책이다. 당시 미국은 베트남 전쟁의 수렁에서 벗어나고 싶었다. 닉슨은 각국이 자국 안보에 더 큰 책임을 져야 한다며, 긴장과 대립의 냉전체제를 청산하자고 선언했다. 닉슨독트린에 따라 긴장 완화, 즉 데탕트가 시도됐다. 그러나 레오니트 브레즈네프 서기장의 집념에 따른 소련의 군사력 강화로 데탕트는 후퇴했다. 트루먼독트린이 이념적 외교노선이었다면, 닉슨독트린은 현실적 외교노선이었다. 냉전의 전개는 단순하지 않았다. 그 기간 동안 여러 곡절이 이어졌다. 그 가운데서도 중소분쟁과 미중수교가 최대의 사건이었다.

아시아에서는 1949년 중화인민공화국 건국 이후 중국이 소련의 영향권에 편입됐다. 1950년 2월 두 나라는 '중소우호동맹 상호원조 조약'을 맺었다. 중국은 그해 6월 25일 발발한 한국전쟁에 참전했다. 그것으로 중국은 미국과 유엔의 제재를 받으며 외교적으로 고립됐고, 소련에 더욱 의존했다.

그러나 1953년 스탈린 사망 이후 소련은 이념의 재조정을 거쳤다. 중국과 소련은 이념적으로 분화했다. 1959년 티베트 항쟁에서 번진 중국-인도 전쟁에서 소련이 인도를 지원하자 중소관계는 악화했다. 특히 중국과 소련은 1969년 우수리강 전다오섬(러시아 이름 다만스키섬)의 영유권을 놓고 무력충돌해 많은 사상자를 냈다. 이미 중국은 핵개발에 나서 1964년에 첫 핵무기를 가졌다. 1971년에는 수소폭탄을 개발했다. 중국은 소련의 노선을 비판하며 제3세계의 중심국가로 떠올랐다.

중소 갈등을 미국이 파고들었다. 미국은 중국에 접근하며 소련을 견제했다. 1969년 중소 영토분쟁에서 미국은 전쟁에 반대한다며, 사실상 중국을 편들었다. 미국과 중국은 핑퐁외교로 적대관계를 허물기 시작했다. 미국 닉슨 대통령은 1972년 중국을 방문해 마오쩌둥 국가주석과 회담했다. 그리고 1979년 1월 미국은 중국과 공식 수교했다. 미국은 중국이 절대시하는 '하나의 중국' 원칙을 수용하며, 기존의 우방 대만과 단교했다.

중국은 1978년부터 실용주의자 덩샤오핑이 개혁개방 노선으로 통치했다. 덩샤오핑은 1979년 9월 중국 지도자로서는 처음으로 미국을 방문해 백악관에서 카터 대통령을 만났다. 텍사스에서 덩샤오핑은 카우보이모자에 폭 넓은 청바지 차림으로 로데오 경기를 관람했다. 공식석상에서 엘비스 프레슬리의 〈러브 미 텐더〉를 영어로 열창했다. 그는 그렇게 미국의 가슴을 파고들었다.

소련은 사회주의 혁명을 완수해 노동자와 농민의 나라를

세우자는 기치를 내건 1917년 볼셰비키 혁명으로 탄생했다. 1964년부터 1982년까지 재임한 브레즈네프 서기장의 군비증 강과 1970년대의 유가상승으로 소련은 군사력과 경제력을 키 웠다.

그러나 소련은 미국과의 경쟁에서 뒤처지기 시작했다. 과 도한 군비증강에 따른 국력 소모와 사회주의 통치의 비효율 때 문이었다. 1985년 취임한 미하일 고르바초프 서기장은 글라스 노스트(개방)와 페레스트로이카(개혁)를 추진했다. 그것은 1991년 소련 해체로 이어졌다. 20세기에 있었던 인류 역사상 최대의 정치실험은 그렇게 끝났다.

냉전이 미소 양극체제로 단순하게 전개된 것은 아니었다. 국제질서는 영원한 동지도, 영원한 적도 없다는 냉엄한 본질을 드러내며 끊임없이 요동쳤다. 그것은 미소 대립-중소 대립-미 중 수교-소련 해체-미국 일극체제 확립으로 굴절했다.

1991년 소련 해체 이후의 국제질서를 세계는 '탈냉전'이 라고 불렀다. 소련 해체 이후 2001년 9·11 테러까지의 10년 동안 미국은 뚜렷한 적국이 없는 '역사의 휴일'을 누렸다. 1989년 미국의 프랜시스 후쿠야마는 동유럽 붕괴와 미국 일극 체제를 예견한 『역사의 종언』이라는 책을 냈다. 미국 조지 H. W. 부시(아버지 부시) 대통령은 냉전 붕괴를 현명하게 관리했다. 미국에는 낙관의 기류가 넘쳤다.

그러나 그것은 미국의 자만을 낳았다. 중국은 경제력을 키우며 미국을 추격했다. 미국은 중국이 경제력에서 일본을 넘은 2010년부터 중국의 도전을 위협으로 느꼈다. 그리고 2022년 10월 미국은 국가안보전략(NSS) 보고서를 통해 "탈냉전 시대는 최종적으로 끝났다"라고 선언했다. 중국과의 경쟁에 진검으로 임하겠다는 선언이었다.

'아시아 회귀' vs '신형대국관계'

연기와 사랑은 감출 수 없다고 했다. 커지는 국력도 감출 수 없다. 중국이 그랬다.

2011년 11월 하와이에서 열린 아시아태평양경제협력체 (APEC) 및 동아시아 정상회의에서 버락 오바마 미국 대통령은 '아시아 회귀(Pivot to Asia)'를 선언했다. 전임 조지 W. 부시 행정부가 테러와의 전쟁으로 중동에 집중한 나머지 아시아에 소홀했고, 그사이에 힘을 키운 중국을 견제하는 것이 급해졌기 때문이었다.

오바마 행정부는 해군 전력의 60%를 아시아에 배치하고 한국, 일본, 대만 등 우방과의 결속을 강화하며 중국의 팽창을 저지하려 했다. 그러나 오바마는 곧 시험에 부닥쳤다. 2012년 중국은 남중국해 스카버러 암초(중국 이름 황옌다오)에서 필리핀의 접근을 차단하고 근린국의 어선과 시추선의 활동을 방해했다.

4월에는 필리핀과 중국의 어선이 대치했다. 필리핀은 미국의 지원을 기대했다. 그러나 미국은 영토분쟁에 대해서는 중립이라는 기본방침에 따라 온건한 태도를 취했다. 오바마의 '아시아 회귀'는 아시아 동맹들에게 충분한 만족을 주지 못했다. 스카버러 암초는 수빅만에서 198km 떨어져 필리핀에 가까운 곳이었다.

오바마 대통령의 '아시아 회귀'에 대한 중국의 응수가 2013년 6월 8일 미중정상회담에서 나왔다. 미국 캘리포니아의 란초 미라지 휴양지에서 오바마 대통령과 회담한 시진핑 중국주석은 '신형대국관계'를 제안했다. 중국과 미국이 대등한 G2로서 첫째 충돌하거나 대립하지 않고, 둘째 서로 존중하며, 셋째 협력하며 윈-윈 관계를 만들자는 것이었다.

시진핑의 '신형대국관계'는 미국과 중국의 공존을 제안한 것이었다. 중국의 힘이 미국을 넘어설 때까지는 미국과의 협력을 유지하겠다는 내심의 표현이기도 했다. 그러나 그것은 미국주도의 일극 세계질서가 끝났으니, 미국도 중국을 인정하라는 뜻을 내포했다. 더구나 그 회담에서 시진핑은 "태평양은 미국과 중국이 나눠 쓸 수 있을 만큼 충분히 넓다"라며 태평양 분점을 말한 것으로 알려졌다. 미국은 태평양 동쪽으로 물러나고, 태평양 서쪽은 중국에 양보하라는 뜻이었다.

시진핑의 '신형대국관계'를 미국은 받아들이지 않았다. 오바마는 '아시아 회귀'를 견지하며 환태평양경제동반자협정

(TPP)을 추진했다. 미국은 냉전 시대에 소련에 대해 그랬던 것처럼, 중국을 봉쇄하려는 전략에 집중했다. 중국은 미리 준비해 두었던 카드를 착착 꺼내 들었다. 서태평양, 유라시아, 인도양을 향한 야심이었다.

미중정상회담 직후인 2013년 12월 중국은 남중국해 스프래틀리 군도에서 인공섬 조성을 위한 매립을 시작했다. 중국은 2015년까지 2년 사이에 13km²를 매립했다. 중국은 3개 인공섬에 군용기가 이착륙할 수 있는 3,000m급 활주로를 건설했다.

시진핑 주석은 2013년 9월과 10월에 '일대일로'를 잇달아 내놓았다. 중국은 2016년 1월 57개국을 모아 아시아인프라투자은행(AIIB)을 열었다. 유라시아와 인도양을 향한 중국의 야심을 일대일로와 AIIB가 뒷받침했다.

일대일로는 스리랑카에서 치명적 일면을 드러냈다. 2005년에 집권한 마힌다 라자팍사 대통령은 고향인 스리랑카 남부 항구 함반토타 개발에 나섰다. 그는 중국의 일대일로 지원에 의지했다. 2015년 정권교체로 취임한 마이트리팔라 시리세나 대통령은 중국에 거리를 두려 했다. 그러자 중국은 부채를 갚으라고 요구했다. 2017년 스리랑카는 부채를 털어내는 조건으로 함반토타 항만회사 지분 70%와 99년간의 항만조차권을 중국에 넘겼다. 미국을 포함한 세계는 충격받았다.

미국 조지워싱턴대학 로버트 서터 교수는 중국의 '일대일로'가 지닌 위험성을 이렇게 지적했다. 첫째, 다른 국가들을 채무의 덫에 빠뜨려 중국의 영향력을 확대하고, 군사적 의미를 가진 것을 포함한 다양한 담보물을 손에 넣고자 한다. 둘째, 관련 계약이 종종 불투명하고 부패한 정치지도자들과의 관계를 강화해 상대국 정부의 부패를 조장한다. 셋째, 상대국 권위주의 정권에 중국제 정보통신 및 감시 체제를 수출하기도 함으로써 값싸게 상대국 사회통제를 강화하고 권위주의 정권의 존속을 돕게 된다. 넷째, 중국의 성장모델이나 산업관행을 정당화하기 위해 사용된다. 다섯째, 중국의 디지털 실크로드를 통해 화웨이의 진출이 확대된다.

중국의 야심은 더 구체화됐다. 시진핑 주석은 2017년 10월 공산당 19차 당대회에서 '중화민족의 위대한 부흥'이라는 중국몽을 32번이나 언급하면서, 그것을 실현할 청사진을 내놓았다. 2020년부터 2035년까지 경제력과 과학기술력을 대폭 향상시켜 혁신형 국가의 선두에 올라선다, 2035년까지 국방과 군의 현대화를 이루고 21세기 중엽까지 세계 일류군대를 전면적으로 만들어낸다는 것이다. '21세기 중엽'에는 중국 건국 100주년인 2049년이 들어 있다.

2022년 10월 12일 미국 백악관은 바이든 대통령 취임 이후 21개월 만에 처음으로 국가안보전략(NSS) 보고서를 내놓았다. 그 보고서는 미중 본격경쟁을 이렇게 선언했다.

"우리는 지금 미국과 세계에 결정적인 10년의 초기에 있다. 우리가 지금 취하는 행동들은 이 기간이 갈등과 불화의 시대가 될 것인지, 아니면 더욱 안정적이고 번영하는 미래의 시작이 될 것인지를 결정하게 될 것이다. 탈냉전 시대는 최종적으로 끝났고, 주요 강대국들 사이에 다가올 미래를 형성하기 위한 경쟁이 진행되고 있다."

"러시아는 우크라이나 전쟁에서 보듯이 국제질서의 기본법을 무모하게 조롱하면서 자유롭고 개방된 국제 시스템에 즉각적인 위협을 야기하고 있다. 중국은 국제질서를 재편하려는 의도와 점증하는 경제적, 외교적, 군사적, 기술적 능력을 갖춘 유일한 경쟁자다. 중국은 미국의 가장 중대한 지정학적 도전이다."

보고서를 발표한 직후 제이크 설리번 국가안보보좌관은 워싱턴DC의 조지타운대학에서 강연하면서 "신냉전을 원치 않는다"라고 말했다. "그것은 냉전 시대에 세계 곳곳을 미국·소련 간 대리전 전장으로 만들었던 것처럼 하지 않겠다는 것이다. 중국과의 경쟁에 대한 성공적 접근은 다른 나라들이 진영을 선택하지 않도록 하는 것이다."

저변의 흐름

조짐은 일찍부터 있었다. 그것이 잇달아 나타났다. 빙산은 몸의 83%를 바다 밑에 감춘다. 물 위로 보이는 것은 '빙산의 일각'이다.

미중 전략경쟁은 미국이 공식인정한 것보다 훨씬 일찍 태동했다. 미국 의회는 2000년부터 해마다 국방부로부터 중국 군사력 추이를 보고받았다. 중국이 2010년 일본을 제치고 세계 2위의 경제대국이 되자, 미국은 본격적으로 중국을 견제했다. 미국은 2011년 빈 라덴을 사살함으로써 대외정책의 최우선 중점을 테러 대응에서 중국 대응으로 옮겼다.

21세기는 미국에 충격적으로 열렸다. 2001년 9월 11일 화요일 아침이었다. 미국 동북부에서 서부로 향하던 민간 항공기 4대가 테러범들에게 납치됐다. 그 가운데 2대는 뉴욕 맨해튼의 세계무역센터에 잇달아 충돌해 110층 쌍둥이빌딩을 무너뜨리며 2,996명의 목숨을 앗아갔다. 부상자도 6,291명이나 됐다. 또 한 대의 항공기는 알링턴의 국방부 청사 펜타곤 서쪽 면에 부딪치며 건물 일부를 파괴했다. 네 번째 항공기는 승객들의 사투로 목표물(워싱턴DC의 백악관 또는 국회의사당으로 추정)을 타격하지 못하고 펜실베이니아 섕크스빌 들판에 추락했다. 9·11 테러의 범인들은 빈 라덴이 지도하는 알 카에다 소속이었음이 곧 밝혀졌다.

분노한 미국은 테러 세력의 제거에 역량을 집중했다. 조지 W. 부시(아들 부시) 행정부는 반테러 전쟁의 일환으로 군사력끼지를 헹사해 '악의 죽' 국가들(이란, 이라크, 북한)의 정권교체를 추구하겠다는 강경정책을 내놓았다. 미국은 대량살상무기를 제거한다는 이유로 2003년 이라크를 공격했다. 전범재판은 2006년 12월 30일 이라크 대통령 사담 후세인에게 사형을 집행했다. 그리고 미국은 2011년 5월 2일 빈 라덴을 은신처 파키스탄 아보타바드에서 사살했다.

2007년에는 미국에서 금융위기가 촉발돼 2008년 세계로 확산됐다. 2007년 4월 미국 2위의 서브프라임 모기지 대출회사 뉴 센추리 파이낸셜의 파산신청이 미국의 금융경색을 초래하며 국제금융시장의 신용경색으로 이어졌다. 그것은 1929년의 대공황에 필적하는 혼란을 세계 경제에 야기했다. 2008년 세계금융위기는 미국의 쇠락을 알리는 사건으로 받아들여졌다.

그보다 먼저 중국은 경제도약을 시작했다. 2001년 중국은 세계무역기구(WTO)에 가입하며 세계시장에 본격 등장했다. 중국은 덩샤오핑의 1978년 개혁개방 시작 이후 자국 시장을 점진적으로 개방했다. 1995년 WTO가 출범하자 중국은 가입을 타진했으나, 국제사회의 호응이 부족했다. 특히 WTO의 대주주인 미국의 반대가 컸다. 중국에 국유기업 비율이 높고, 시장경제 요소가 박약하다는 등의 이유에서였다.

그러다 미국 클린턴 행정부가 중국의 WTO 가입협상을 타결했다. 중국은 클린턴 퇴임 이후인 2001년 12월 11일 WTO에 공식 가입했다. 미국은 중국이 WTO에 가입하면 국제질서에 길들여지고 중국 내 민주주의가 신장되며 중산층이 커지는 등 긍정적으로 변화할 것이라고 기대했다. 그 후 중국은 '세계의 공장'으로서 미국을 포함한 세계의 경제에 일정하게 기여했다.

그러나 중국은 민주주의를 신장시키지는 않고, 미국에 도전하는 경제대국으로 급속히 성장했다. 중국은 무역에서 세계 1위, GDP에서 2위의 국가가 됐다. 중국은 덩샤오핑의 도광양회(韜光養晦)를 넘어 대국굴기(大國堀起)로 나아갔다. 한동안 힘을 감추다가, 치고 나갔다.

2.
신냉전 초입의
국제질서

변화는 원하면 더디 오고, 원치 않으면 빨리 온다. 세계는 엎치락뒤치락 거대한 변화를 계속하고 있다. 냉전 시대와 지금은 어떻게 다른가.

미국의 상대가 강해졌다

냉전 시대에 미국의 상대는 소련이었다. 소련은 1957년 인류 최초의 인공위성 스푸트니크를 발사했다. 미국의 충격은 컸다. '스푸트니크 쇼크'였다. 그해 소련은 대륙간탄도미사일 (ICBM)도 미국보다 먼저 발사했다. 1961년에는 인류 최초의 우주비행사 유리 가가린을 유인우주선 '보스토크'에 태워 우주를 비행하게 했다. 미국은 1958년 우주항공국(NASA)을 만들고, 1961년 아폴로 계획을 세우며 소련을 추격했다. 1969년 미국의 우주비행사 닐 암스트롱이 아폴로 11호를 타고 인류 최초로 달에 착륙하며 소련을 추월했다.

소련은 1960년대 중반까지 우주경쟁에서 미국을 앞질렀다. 그러나 그 밖의 많은 분야에서 미국에 뒤졌다. 경제력은 소련이 좋았을 때에도 미국의 4분의 1 수준이었다. 소련의 거친 대내외 정책과 경직된 이념은 비효율을 낳았다. 그런 비효율이 누적돼 1991년 소비에트연방을 해체하기에 이르렀다.

이제 미국의 상대는 중국이다. 중국은 1978년 덩샤오핑이 개혁개방을 시작한 이후 세계사에 유례가 없는 속도로 경제를 발전시켰다. 중국의 국내총생산(GDP)은 2021년 미국의 73%를 넘었다가, 2022년 10월 기준으로는 70.3%가 됐다.

한때 미국에서는 '40% 법칙'이 있었다. 특정 국가의 경제력이 미국의 40%를 넘으려 하면 그것을 밟아놓는다는 것이었다. 일본 경제도 1980년대 중반까지 맹렬히 치솟다가 가라앉았다. 미국은 1985년 플라자합의(달러를 약세화하고 엔화가치를 두 배로 올린 합의)와 1986년 일본 메모리 반도체 공격 등으로 일본의 추격을 물리쳤다. 그러나 중국의 부상으로 '40%의 법칙'은 미국의 옛 추억이 됐다.

중국은 청나라 전반기, 특히 강희제부터 건륭제까지의

134년 사이에 세계총생산(GWP)의 최고 33%까지를 차지했던 영광의 시대를 기억한다. 그러나 청나라가 1840년과 1856년 아편전쟁에서 영국에, 1894년 청일전쟁에서 일본에 참패하며 열강의 먹이가 됐던 참담한 역사도 기억하고 있다.

경제뿐만 아니다. 중국은 과학기술과 군사능력에서도 미국을 맹렬히 추격한다. 인공지능 같은 첨단 분야에서는 미국을 능가했다. 대외정책에서도 중국은 '일대일로' 정책으로 유라시아와 아프리카 개도국들을 경제적으로 얽으며 외교적으로 끌어들이고 있다.

중국의 강점을 미국 바이든 행정부 국가안보보좌관 제이크 설리번이 절묘하게 요약했다. 과거의 소련에 비해 지금의 중국은 경제적으로 강력하고, 외교적으로 정교하며, 이념적으로 유연하다. 중국은 세계의 수많은 나라와 넓고 깊게 얽혀 있고, 세계 국가 3분의 2가 중국을 무역 파트너로 삼고 있다.

중국에도 문제는 있다. 경제성장 속도가 절정기보다 줄었다. 고령화와 양극화가 급속히 진행된다. 2023년에는 인구에서 인도에 역전됐다. 3대 격차(동서, 도농, 빈부격차)는 중국의 아킬레스건이다. 중국은 양극화에 대처하기 위해 공부론(共富論, 공동부유론)으로 첨단기업의 사회적 기여를 요구하고 나섰다. 국가정책에 호응하지 않는 일부 기업인은 공개활동에서 멀어졌다. 그런 일들이 경제패권과 기술패권의 경쟁에 맞을 것이냐는 의문 제기도 있다. 중국이 최대 해외시장이자 최대투자처인 미국으로부터 제재와 압박을 받는 것도 부담이다.

그래서 중국 경제의 미국 역전은 중국이 목표했던 2030년 보다 늦어질 것이라는 전망이 나오기 시작했다. 2030년 이후 중국이 미국에 역전한다고 해도, 미국이 다시 역전하며 30~40년 동안 경쟁을 계속할 것이라는 분석도 나왔다. 2050년에는 인도가 새로운 최강대국으로 등장할 것이라는 예상도 있다.

미국이 달라졌다

20세기 초에 미국은 세계 경제의 4분의 1을 차지했다. 세계의 경제대국들을 파괴한 2차대전이 끝났을 때, 미국 경제는 세계의 절반에 육박했다. 1950년대에는 40%대를 유지했다. 2008년 글로벌 금융위기를 겪은 뒤 2010년에 23%로 떨어졌다가 2020년에는 25%를 회복했다. 2022년 10월 기준으로는 25.1%였다. 그러나 미국이 전성기처럼 빛나는 것은 아니다.

미국은 정점을 지났다고 많은 통계가 말해준다. 미국의 대외정책을 극도로 경직시킨 2001년 9·11 테러, 세계금융위기를 부른 2008년 리먼 브라더스 사태가 미국 하강의 시작이었다는 견해가 많다. 2014년 퓨 리서치 여론조사에 따르면, 미국이 다른 모든 나라보다 우월적 위치에 있다고 응답한 비율이 미국 국민 가운데서도 28%에 불과했다.

경제에서 미국과 중국의 격차는 좁혀지고 있다. 이제 미국은 반도체 등 첨단기술 분야에서 중국을 견제하기 위해 일본, 한국, 대만 등의 힘을 빌리려 하고 있다. 트럼프 대통령이 중국과의 무역전쟁을 시작했지만, 트럼프 선거캠프가 썼던 현수막과 성조기의 대부분이 중국제였다.

경제뿐만이 아니다. 대외정책에서도 미국은 압도적 지도력을 잃고 있다. 1960년부터 1975년까지 15년 동안 이어진 베트남 전쟁에서 미국은 패배했다. 1980년대 이후 아프가니스탄과 이라크 등에서도 미국은 좋지 않은 결과를 얻고 철수했다. 미국은 '세계의 경찰관'으로 국력을 많이 소모했다. 만약 미국과 중국이 전쟁을 한다면 미국이 질 것이라는 연구결과가 미국에서도 몇 차례나 나왔다.

그러나 미국의 강점도 남아 있다. 미국은 민주주의와 인권, 법치주의와 공정경쟁 같은 보편적 가치를 세계에 심었고, 그것으로 국제사회에서의 지도력을 유지해왔다. 미국은 선진 강대국으로서는 이례적으로 인구가 늘어나고, 아직도 우수 인재를 중국보다 많이 확보하고 있다. 군사력과 첨단 분야의 기초기술에서도 여전히 미국이 강하다. 기축통화를 발행하고, 2025년에는 에너지 자립을 달성한다.

미국이 '지는 해'인가에 대해서는 반론이 있다. 세계 경제에서 차지하는 비중이 1980년부터 2020년 사이에 어떻게 변했는가를 비교해보면 이렇다. 유럽연합(EU)은 29%에서 18%로 내려갔다. 일본은 10%에서 6%로 떨어졌다. EU와 일본은 '지는 해'가 맞다. 중국은 2%에서 17%로 급등했다. 중국은 '뜨는 해'인 것이 분명하다. 미국은 1980년 25%에서 2010년 23%로 내려갔지만, 2020년에는 25%를 회복했다. 적어도 '지는 해'는 아니라는 것이다.

세계가 달라졌다

냉전 시대에는 초기에 미국과 소련이 거의 모든 분야에서 세계를 양분했다. 진영이 다르면 외교적, 경제적 교류를 거의 전면적으로 단절했다. 미국과 소련의 어느 진영에도 속하지 않은 개도국들은 비동맹노선으로 '제3세계'를 형성해 1970년대에 국제무대에 부상했다. 그러다 제3세계는 소속 국가들의 경제발전과 빈부격차로 쇠퇴했고, 소련 해체와 냉전 붕괴로 무의미해졌다.

미중경쟁 시대는 다르게 전개된다. 냉전처럼 진영이 확연하지 않고 복잡하다. 미중 대립은 분야별·영역별로 다양하게 나타난다. 미중 양국이 양자택일을 다른 나라에 요구하는 분야도 있지만, 그렇지 않은 영역도 있다. 미중 양국이 아예 관심을 보이지 않는 분야와 영역도 있다.

미중경쟁 시대에는 진영이 아직 느슨하다. 일단 미국의 동맹이라 불리는 나라는 52개국이다. 한국과 일본, EU 같은 선진국이 많이 포함돼 있다. 미국은 100여 국가에 미군을 주둔시키고 있다. 그에 비해 중국과 투자나 무역으로 얽힌 나라는 130여 국가다. 유라시아와 아프리카의 개도국이 많다. 중국은 '일대일로' 구상으로 유라시아와 아프리카를 개도국 중심으로 묶어놓으려 한다. 미국은 '인도태평양 전략'으로 중국을 견제하면서, '더 나은 세계 재건(B3W)'으로 개도국의 인프라 건설을 지원하겠다는 구상이다. 그러나 그다지 가시적이지 않다.

　　미중경쟁 시대에는 많은 국가들이 여러 블록에 선택적 또는 중복적으로 가입하며 제한된 분야에서 경쟁한다. 일부 국가는 사안에 따라 소속 블록과 다른 선택을 하기도 한다. 우크라이나를 침공한 러시아에 대한 제재로 미국은 우방들의 러시아산 원유 수입에 반대했으나, 인도는 수입했다. 이탈리아는 EU에서 유일하게 중국의 '일대일로'에 참여했고, 2022년 9월 총선을 통해 친러시아 극우정당 주도의 연립정부가 출범했다. 일본 주도의 포괄적·점진적 환태평양경제동반자협정(CPTPP)에 미국은 참여하지 않았지만, 한국과 중국은 가입하기로 했다. 한국과 일본은 중국 주도의 역내 포괄적 경제동반자협정(RCEP)과 미국 주도의 인도태평양 경제프레임워크(IPEF)에 가입했다. 미국의 중국 화웨이 제재에 완전하게 동참한 나라는 8개국뿐이었다. 네덜란드, 아이슬란드, 튀르키예, 사우디아라비아, 아랍

에미리트 등은 화웨이 제품을 사용한다. 많은 개도국들은 미국과 중국 사이에서 양다리를 걸친다.

미국의 우방 그룹에는 몇 가지 부류가 있다. 규모가 작은 순서로 보면, 오커스(AUKUS)가 가장 작다. 미국, 영국, 호주의 외교안보 협의체다. 다음은 쿼드(Quad)다. 미국, 일본, 인도, 호주의 4개국 외교안보 협의체다. 칩4(Chips4)는 미국이 한국, 일본, 대만과 맺으려 하는 4국 반도체 협력체다.

그다음이 파이브 아이즈(Five Eyes)다. 미국과 영연방국가인 영국, 캐나다, 호주, 뉴질랜드의 협의체다. 이어서 나인 아이즈(Nine Eyes)다. 파이브 아이즈에 한국, 일본, 인도, 독일을 포함시키자는 구상이다. 미국 하원 군사위원회가 2021년 9월 나인 아이즈를 검토하도록 하는 국방수권법안을 통과시켰다. 가장 큰 것은 인도태평양 경제프레임워크(IPEF)다. 미국이 중국의 경제적 영향력 확대를 억제하기 위해 2022년 5월 출범시킨 다자 경제협의체다. 참가국은 미국, 한국, 일본, 호주, 인도, 브루나이, 인도네시아, 말레이시아, 뉴질랜드, 필리핀, 싱가포르, 태국, 베트남 등 13개국이다. 그 가운데 동남아시아 등 상당수 국가는 중국과의 경제관계 비중이 크고, 미국의 중국 배제 움직임에 불편해한다.

우크라이나 전쟁이라는 중대변수

2022년 2월 러시아의 우크라이나 침공에 따른 전쟁은 미중 전략경쟁을 격화시켰다. 2023년 2월에는 바이든 미국 대통령이 우크라이나를 방문해 젤렌스키 대통령을 격려했다. 3월에는 시진핑 중국 주석이 러시아를 방문해 푸틴 대통령과 회담했다. 시진핑의 러시아 방문 직전에 국제형사재판소는 푸틴에 대한 체포영장을 발부했다.

러시아의 우크라이나 침략은 미국 주도의 자유주의적 국제규범과 질서를 흔들었다. 미국이 2021년 8월 아프가니스탄에서 20년 만에 철군을 완료함으로써 미국의 유라시아 영향력 약화는 이미 뚜렷해지고 있었다. 만약 우크라이나 전쟁에서 러시아가 승리한다면, 국제규범의 붕괴와 미국의 유라시아 퇴조는 더 빨라지고, 러시아의 영향력은 커질 것이다.

우크라이나 전쟁은 소련 해체로 독립한 포스트 소비에트 국가들의 고민을 키웠다. 그들 국가는 미중경쟁으로 곤경에 처한 데다, 러시아의 공격적 대외정책으로 더욱 곤혹스러워졌다. 미중러 3국의 압박을 받아왔던 그들 국가는 특히 러시아를 두려워하게 됐다. 이미 러시아는 2014년 우크라이나에 반러시아 정권이 들어서자 무력으로 크림반도를 병합했고, 돈바스를 군사분쟁지역으로 만들었다. 러시아는 벨라루스를 압박해 우크라이나 전쟁에 참전해 러시아를 돕도록 요구하고 있다.

미국은 2021년 11월 우크라이나와 전략적 동반자 관계를 맺는 등 우크라이나를 서방 연대에 포함시켜 유라시아 통제력을 다시 확대하려 했다. 다만 미국은 우크라이나 지원 범위를 파병 이외의 방법으로 제한했다. 미국의 그런 움직임에 대응하듯, 러시아가 2022년 2월 우크라이나를 침공했다. 상황이 이렇게 된 이상, 미국으로서는 러시아가 우크라이나 전쟁으로 국력을 소진하고, 미중경쟁에서 중국을 편들지 못하게 되기를 바랄지도 모른다.

중국은 러시아를 미중경쟁에서의 유력한 지원자로 삼고, 우크라이나 침공에 대해서도 정치외교적으로 러시아를 지지했다. 중국은 NATO 동진 움직임에 반대하며 러시아의 안보우려를 이해한다는 입장을 나타냈다. 다만 시진핑 주석은 2022년 11월 올라프 숄츠 독일 총리와의 회담에서 러시아가 우크라이나에 "핵무기를 사용해서는 안 된다"라고 선을 그었다.

유럽연합(EU)은 미국과의 전통적·전략적 협력을 유지하되, 중국에 대해서는 미국의 정책을 그냥 추종하지 않고 EU의 이익을 고려하겠다는 '전략적 자율성'을 추구했다. EU와 중국의 경제적 관계가 그만큼 깊다. 그러나 우크라이나 전쟁에서 중국이 러시아를 지지하자 EU에서도 중국 견제 움직임이 나타났다. EU 최강국 독일은 경제의 중국 의존을 낮추는 문제로 정치계와 경제계가 온도 차를 보이기 시작했다. 기본적으로 EU는 중국과 러시아를 EU의 전략적 경쟁자로 보고 있었다.

3.
미중경쟁의
영역별 전개

산불은 담뱃불로 시작된다. 그러다 능선까지 오르고, 간혹 온 산을 태운다. 나무가 많으면, 불이 넓으면, 바람이 거세면, 날씨가 건조하면 진화는 더 어렵다.

무역전쟁

미국과 중국의 경쟁은 먼저 무역전쟁으로 표면화됐다. 닉슨 대통령의 중국 방문으로 미중 화해가 시작된 1972년 이후 경제는 미중관계의 안정장치였다. 미중 양국은 경제에서 상호의존적 관계를 유지했고, 그것이 미중관계 전반을 안정시켰다.

그러나 2010년을 넘어가면서 미국은 중국의 폭발적 경제성장, 특히 기술발전이 미국의 우월적 지위와 안보까지 위협할 수 있다고 판단했다. 미중 경제전쟁이 시작됐다.

트럼프 대통령은 후보 시절부터 중국에 대한 무역제재를 공약했다. 취임 후 트럼프는 2018년 7월 6일 중국으로부터의 수입품 818종에 25%의 고율관세를 부과했다. 중국도 미국산 농산품, 자동차, 수산물 등에 25%의 대응관세를 부과했다. 관세는 각각 340억 달러 규모였다. 당초 미국은 중국산 1,106 품목에 500억 달러의 관세를 부과하기로 했었다. 남은 288 품목, 160억 달러의 고율관세는 같은 해 7월 16일부터 부과했다.

트럼프 행정부의 국가무역위원장 피터 나바로는 '무역안보'를 주장하며 대중국 강경책을 이끌었다. 무역안보론은 특정 국가가 특정 국가에 대해 지속적으로 무역흑자를 내는 것은 경제적 수단을 통한 침략이라는 주장이다. 미중 양국은 간헐적으로 협상도 했지만, 무역전쟁은 이어졌다.

고율관세로 미국 시장에서 중국 상품의 비율이 약간 줄고, 개도국 제품의 비율이 조금 올랐다. 그러나 무역전쟁의 최대 피해자는 미국 소비자라는 보고도 나왔다. 미국 소비자들이 쓰는 중국 제품이 비싸졌기 때문이다. 그만큼 미국인의 생활은 중국 제품에 많이 의존해왔다. 오죽했으면 『메이드 인 차이나 없이 살아보기(A Year Without Made in China)』라는 책이 나왔을까. 그 책은 미국의 한 경제기자 가족이 중국 제품 없이 1년을 사는 것이 가능한지를 실험한 이야기를 담았다.

기술전쟁

기술전쟁은 무역전쟁보다 더 치열하게 전개됐다. 중국 통신기업 화웨이 및 그 자회사 반도체 기업 하이실리콘의 팽창과 미국의 제재가 기술전쟁의 신호탄이었다. 미국은 정보통신과 인공지능의 최첨단 기술에서 우위를 잃으면 경제는 물론, 만약의 경우 전쟁수행에서까지 차질이 빚어질 수 있다고 본다. 그것은 안보문제다.

2019년 트럼프 행정부는 세계 각국의 통신망에서 화웨이 통신장비를 배제하도록 압박했다. 미국의 기술을 사용하는 해외 기업이 화웨이에 납품하려면 미국의 승인을 받도록 요구했다. 화웨이 통신장비가 보안을 위협할 수 있다는 이유에서였다,

첨단기술 전쟁은 반도체, 데이터, 배터리, 양자컴퓨터 등 슈퍼컴퓨터, 인공지능(AI), 희토류, 통화를 포함한 금융과 자본, 의약, 군사, 우주 등으로 확산됐다. 미국은 2021년 11월 중국의 12개 양자컴퓨터 기업에 대한 제재를 발표했다. 중국의 양자 정보기술이 경제를 넘어 군사에까지 활용될 가능성이 크다는 이유에서였다.

미국은 기술패권 경쟁에서 중국을 따돌리기 위해 법제를 정비하고 예산을 증액해 관련 분야를 지원하고 나섰다. 2021년 6월 미국 상원은 중국을 견제하며 미국의 기술경쟁력을 강화하기 위한 '혁신경쟁법'을 의결했다. 그 하위법으로 CHIP법, 무한국경법, 전략적경쟁법, 미국미래확보법, 중국도전대응법 등도 마련했다. 미국은 연방은 물론, 주(州) 단위에서도 행정조치와 입법을 서둘렀다. 미국의 대중국 압박은 정당 구분 없이 초당적으로, 법령을 통해 제도적으로 이루어지고 있다. 그것은 기술전쟁이 장기화할 것이라는 신호다.

소나기처럼 집중적인 미국의 노력은 조급하다는 인상을 준다. 실제로 미국은 다급하다. 미국은 기술패권을 가름할 기초가 되는 반도체, 희토류, 배터리, 바이오 등에서라도 우위를 지키고 싶어 한다. 그러나 그것도 만만치 않다.

미국이 2021년 혁신경쟁법을 만든 비슷한 시기에 중국도 '반외국 제재법'을 전인대 상무위원회에서 통과시켰다. 미국을 견제하는 법이다. 다른 법제도 정비하고 막대한 국가재정을 투입해 첨단기술의 개발에 박차를 가하고 있다.

2021년 3월 양회에서 리커창 총리는 '십년마일검(十年摩一劍, 십 년간 검 한 자루를 간다)'으로 업무보고를 시작했다. 집념과 정성으로 미국과의 기술패권 경쟁에 임하겠다는 의지를 표현한 것이다. 반도체 굴기의 목표는 2030년이다. 리 총리의 '10년'은 그런 뜻이다. 실제로 2030년이면 반도체 시장점유율에서 중국이 대만과 한국을 제치고 세계 1위에 오를 것이라는 전망이 미국에서 보고되기도 했다.

반도체 등 첨단기술 분야는 세계적 공급망(GVCs· 글로벌 밸류 체인)으로 얽혀 있다. 상호의존성이 전례 없이 커졌다. 그렇기 때문에 경쟁국가나 경쟁블록을 특정기술 분야의 GVCs에서 차단하면 큰 타격을 입힐 수 있게 됐다. 상호의존성의 무기화(Weaponized Interdependence)라고 불리는 기술패권 경쟁이다.

미국이 칩4를 구상하고 화웨이를 압박하는 것도 상호의존성의 무기화에 속한다. 그것이 중국의 반도체 굴기를 늦출 수 있을 것으로 미국은 보고 있다. 그러나 반도체의 압도적 소비시장인 중국을 민간 기업들이 완벽하게 배제하기는 쉽지 않다. 미국의 화웨이 제재에 완전히 동참한 나라는 8개국뿐이라는 조사결과도 있었다.

2023년 3월 미국의 지원을 받는 호주의 연구소가 충격적인 보고서를 내놓았다. 호주 전략정책연구소(ASPI)는 미래를 위한 주요 유망기술 44개의 연구개발(R&D) 가운데 중국이 37개에서 압도적 우위를 보인다고 평가했다. 미국은 7개에서 앞섰다. 한국은 20개 기술에서 상위 5위에 들었다. 선두로부터 많이 떨어졌지만, 한국은 중국, 미국, 영국, 인도에 이어 다섯 번째였다.

체제경쟁

조 바이든 미국 대통령은 2021년 1월 29일 상하양원 합동회의에서 21세기는 민주정(民主政)과 전제정(專制政) 사이의 투쟁의 결과로 규정될 것이라고 말했다. 미국이 민주주의 동맹국들과의 연대를 통해 중국과 러시아를 견제하겠다는 선언이었다. 중국도 가만히 있지 않았다. 시진핑 중국 주석은 "모든 나라는 각기 고유한 역사, 문화, 사회체제를 지녔고, 누구도 다른 나라보다 우월하지 않다"라고 반박했다. 미중 체제경쟁은 입법으로, 정부 고위인사의 발언으로, 자유국가들과의 연대로 나타났다.

그것은 트럼프 시대부터 시작됐다. 2018년 미국 의회는 대만, 티베트, 신장 위구르, 홍콩 등에 대한 관여에 적극 나섰다. 인권 시비나 독립 요구 등이 제기되는, 그러나 중국이 '핵심이익'이라며 외부의 간섭을 강력히 거부하는 지역들이다. 그해 미국 의회는 '대만 여행법', '티베트 상호여행법', '홍콩 인권·민주주의법'을 잇달아 제정했다. 신장 위구르에서 자행되는 이슬람교 탄압과 관련해 미국 하원은 2019년, 상원은 2020년에 '위구르 인권법'을 제정했다. 중국이 2020년 5월 홍콩 국가안전유지법을 제정하자, 트럼프 행정부는 홍콩에 대한 경제적 우대조치를 철회했다. 그해 7월에는 미국 의회가 금융제재를 포함한 홍콩자치법을 의결했다.

2020년 7월 연설에서 마이크 폼페이오 국무장관은 닉슨 대통령이 중국을 방문했던 1972년 이래 반세기에 걸친 대중국 관여(Engagement)는 달성되지 못했으며 이제 그것을 계속해서도, 그것으로 회귀해서도 안 된다고 못박았다. 그는 자유세계가 연대해 중국이라는 '새로운 전제국가'를 이겨내야 한다고 말했다.

같은 해 10월 폼페이오 장관은 더 노골적으로 중국의 체제를 겨냥했다. 그는 코로나 사태가 중국 공산당의 폐쇄적이고 불투명한 주민 억압 때문에 발생했다고 주장했다. 그는 중국이 세계패권을 꿈꾸고 있으며, 미국이 중국을 변화시키지 않으면 중국이 미국을 변화시킬 것이라고 경고했다.

트럼프 행정부를 이은 바이든 행정부는 동맹중시를 표방하며 민주주의를 강조하고 나섰다. 바이든 행정부는 2021년 12월 중국, 러시아, 이란 등을 제외한 세계 110개국 정상을 비대면으로 모아 '민주주의 정상회의'를 열었다.

체제경쟁은 미국이 중국과 러시아의 정치체제를 '전제적'이라고 규정하며 타자화(他者化, Otherize)하는 방식으로 진행됐다. 중국의 중국특색 사회주의와 러시아의 주권민주주의는 그들로서는 독자적인 문화, 전통, 가치를 이어가겠다는 '독립선언'일 수 있다. 그것이 서방의 눈에는 강성 국가주의로 비친다. 미국은 그것을 겨냥하고 있다.

문화경쟁

패권국에 요구되는 힘에는 경제력, 군사력과 함께 문화력도 포함된다. 종래 패권국은 문화로 세계 인류를 매료했었다. 영국의 팍스 브리타니카, 미국의 팍스 아메리카나가 그랬다.

중국도 그것을 일찍부터 준비했다. 중국은 자국의 언어와 문화를 세계에 알리는 '공자학원'을 2004년 서울에서 시작해 세계 도처에 설립했다. 2010년 이후에는 아프리카에 집중적으로 세웠다. 2020년까지 세계 162개국, 545개 공자학원과 1,170개 공자학당으로 확산했다. 2018년 미국 연방수사국(FBI)은 공자학당이 스파이 활동에 이용된다며 수사하기도 했다.

중국은 영화산업에도 힘을 쏟고 있다. 팍스 아메리카나의 형성에 할리우드가 어떻게 기여했는지를 중국도 알고 있다. 중국에서는 소득이 오르고 작은 황제(小皇帝, 한 자녀 시대의 아이들)로 자란 청년 세대가 늘어나면서 영화 시장도 급속히 커졌다. 그에 힘입어 중국은 할리우드에 도전하는 '찰리우드'를 키우고 있다. 그 내용과 수준이 세계인을 매료하기에는 보편성이 부족하고 아직도 '중국적'이라는 한계가 있다고 한다. 그러나 중국이 문화굴기에도 나섰다는 것은 사실이다. 한 걸음 더 나아가 중국은 디지털 플랫폼 경쟁에도 나섰다.

현대판 중체서용(中體西用)일까. 문화전쟁에서 중국은 외형을 모방으로 시작했지만, 내용을 중국적으로 채워가며 미국을 하나씩 따라잡으려 하고 있다. 중체서용은 중국의 정신을 유지하되 서양의 기술을 받아들여 국가를 발전시키자는 청나라 말기의 사조다. 그런 생각을 조선은 동도서기(東道西器), 일본은 화혼양재(和魂洋才)라고 불렀다.

중국은 국제공헌에도 활발히 나섰다. 국제공헌은 연성강국(Soft Power) 이미지를 확산하는 데 기여한다. 마침 트럼프 대통령이 '미국 우선주의'를 내세워 국제공헌에서 발을 빼던 시기에 중국은 반대로 행동했다.

트럼프 대통령은 전임 오바마 행정부가 합의해놓았던 환태평양경제동반자협정(TPP) 탈퇴를 2017년 선언했다. 역시 2017년에 유네스코에서 탈퇴했고, 2018년에는 이란 포괄적 핵협정을 파기했다. 2019년에는 러시아와의 중거리 핵전력 협정(INF)을 파기하고, 파리기후협약 탈퇴를 선언했다. 2020년에는 항공자유화 조약에서 탈퇴하고, 세계보건기구(WHO) 탈퇴를 선언했다. 그것은 경제, 환경, 보건 등에서 미국의 리더십을 크게 손상시켰다. 그 가운데 파리기후협약과 WHO에는 후임 바이든 대통령이 미국의 복귀를 결정했다.

중국은 코로나19를 통제한 이후 100개 이상의 국가에 마스크와 진단키트를 포함한 방역물품을 보냈고, 의사도 파견했다. 국제사회는 그것을 중국의 '마스크 외교'라고 불렀다. 중국은 코로나19가 중국 우한에서 시작됐다는 사실을 만회하려는 듯 '마스크 외교'를 적극적으로 펼쳤다.

특히 중국은 유엔 식량농업기구(FAO), 유엔공업개발기구(UNIDO), 국제전기통신연합(ITU), 국제민간항공기구(ICAO) 등의 수장을 맡았다. 유엔 분담금을 미국 다음으로 많이 내고, 미국이 빠진 유네스코 등 국제기구에도 분담금을 늘리며 리더십을 키웠다.

군사경쟁

군사력에서는 미국이 중국을 앞서고 있다고 미국은 분석한다. 미국은 중국의 매서운 추격을 따돌리고 격차를 유지하기 위해 다각도 전략을 펴고 있다.

미국은 2007년부터 일본, 인도, 호주와 함께 쿼드(Quad)라는 4자 안보협의체를 가동했다. 인도는 한동안 애매한 태도를 보였지만, 중국과 인도의 2000년 라다크 유혈분쟁 이후 적극적 태도로 변했다. 2020년에는 트럼프 행정부의 스티브 비건 국무부 부장관이 쿼드에 한국, 베트남, 뉴질랜드를 추가해 '쿼드 플러스'로 확대하겠다는 생각을 밝혔다. '쿼드 플러스'는 아직 출범하지 않았다.

쿼드는 중국의 군사적 확장을 막기 위한 미국의 대응장치다. 아시아의 3대 강국은 중국, 일본, 인도다. 그 가운데 인도와 일본, 대양주의 호주를 엮은 것이 쿼드다. 일본과 인도 다음의 아시아 강국이 한국과 베트남이다. 뉴질랜드는 호주와 함께 영연방 국가로서 미국과 역사적·문화적으로 가깝다. 쿼드 또는 쿼드 플러스는 중국을 제외한 아시아 강국들을 묶어 중국을 포위하며 견제하겠다는 것이다.

중국은 경제성장이 약간 둔화하기 시작했고, 저출산 고령화가 진행되고 있다. 인도는 경제의 고속성장에 진입했고, 인구도 계속 늘어난다. 그래서 2050년이면 인도가 세계 최강대국이 될 것이라는 전망도 나왔다. 미국에서 가장 높은 소득을 올리는 사람들은 인도계다.

미국이 동맹과의 군사적 연대를 통해 중국과 북한을 견제하려는 전략은 2022년 일본에서 구체화됐다. 2022년 12월 일본은 적국의 미사일 기지 등에 대한 '반격능력'을 보유하는 등 방위력을 강화해 5년 후에는 미국, 중국에 이어 세계 3위의 방위력을 갖겠다고 선언했다. 일본은 중국, 북한, 러시아를 가장 적국으로, 미국, 한국, 대만을 협력국가로 분류했다.

기존의 미일동맹에서는 유사시 미국이 '창', 일본은 '방패'의 역할을 맡는 것으로 분담돼왔다. 그러나 일본의 '안보 3문서'는 일본이 유사시 '창'과 '방패'를 겸할 수 있음을 시사했다. 그것은 자위대 역할의 확대와 장비의 강화가 있어야 한다. 일본에는 군사력과 군사 역할의 강화에 대한 법적 제약이 있다. 일본의 군사력 강화는 미국 무기의 구입 확대를 의미한다는 분석도 있다.

미국의 또 다른 대응전략은 첨단기술이다. 미국은 유령함대(Ghost Fleet)라는 이름의 무인함대 운용을 연구하고 있다. 미국 해군은 2025년부터 유령함대를 실전에 운용하기 위해 다양한 무인함을 설계하고 있다.

중국은 인공지능 등 첨단기술과 우주기술까지 키우며 군사력을 강화하고 있다. 중국의 그런 기술은 민군겸용이어서 경제와 군사에 모두 이용될 수 있다. 중국이 속으로만 힘을 키우는 것은 아니다. 남중국해와 서태평양에서 힘을 과시하며 통제범위를 확대하고 있다. 미국과 중국이 태평양을 동서로 나누자는 주장도 공공연해졌다. 인도양에서도 중국은 일대일로를 통해 지배력을 넓히고 있다. 2023년 2월에는 중국의 대형 정찰풍선이 미국 본토 상공에 들어갔다가 미국에 의해 격추됐다.

중국은 해군의 작전반경을 확대하며 서태평양에서의 영향력을 키우고 있다. 중국 인민해방군 해군사령관 류화칭은 1980년대에 이미 도련선(島鍊線, Island Chain) 개념을 주창했다. 섬을 사슬처럼 연결하는 가상의 선으로, 중국 해군의 작전영역을 가리킨다. 제1 도련선은 오키나와-대만-필리핀-보르네오를 잇는다. 제2 도련선은 오가사와라-괌-사이판-파푸아뉴기니를 연결한다. 중국 해군은 이미 항공모함까지를 앞세워 제1 도련선 이내의 해역을 거의 마음대로 항행한다. 중국은 제주 마라도 남쪽 149km 지점 이어도를 중국 측 방공식별구역(CADIZ)에 포함시키며 한국을 자극하곤 한다. 제2 도련선은 시진핑이 오바마에게 나누자고 말했다는 '태평양의 절반'에 근접한다.

미국과 중국의 우주경쟁은 가공하다. 미래에는 우주도 전쟁터가 될 수 있다. 우주 분야에서도 중국은 매섭게 도전하고, 미국은 우위를 유지하기 위해 분투한다. 미국 신문《뉴욕타임스》는 2021년 기준으로 군사용을 포함한 인공위성 3,000개 가운데 미국이 1,425개, 중국이 382개, 러시아가 171개라고 보도했다. 그러나 해마다 새로 발사하는 인공위성은 중국이 39개로 미국을 앞섰다고 분석했다.

4.
번영을 위한
다섯 가지 제언

위기는 사회의 강점을 끌어낼까, 약점을 드러낼까. 국가적 생존의 위기다. 한국 사회를 누르고 가두는 명분론과 진영주의를 뛰어넘어야 한다. 안보(평화)에는 분명하게, 경제(번영)에는 좀 더 유연하게 대처하는 것이 옳다.

강대국 외교를 확실히 하자

한국 일각에서는 미중경쟁 시대 한국의 전략을 안미경중(安美經中, 안보는 미국, 경제는 중국)으로 부른다. 그런 발상은 미중관계가 평화로우면 통할 수 있다. 그러나 미중 양국이 싸우면 그런 발상은 통하기 어렵다.

'안보는 미국'이라는 말은 한국의 안보가 한미동맹의 기반 위에 서 있다는 뜻에서 옳다. 한국의 안보와 한반도 평화는 미국에 크게 의존하는 것이 현실이다. 그 기조는 중요하다. 북한 핵문제도 북한과 미국이 주요 당사자로서 대처해왔다. 그러나 북한 핵문제 해결과 한반도 평화 확보에는 중국의 협력도 없어서는 안 된다.

'경제는 중국'이라는 말도 무역과 투자 등 한국의 경제관계에서 중국의 비중이 크다는 뜻에서 옳다. 현실이 그렇다. 그러나 기술패권 경쟁에서 한국은 미국 주도의 반도체 협력체 '칩4'에 동참하기 시작했다. 한국은 미국 주도의 다자 경제협의체 인도태평양 경제프레임워크(IPEF)에 가입했다. 미국과 일본이 주도한 환태평양경제동반자협정(TPP)에서 미국이 탈퇴했지만, 그 후 일본 주도로 재편된 포괄적·점진적 환태평양경제동반자협정(CPTPP)에 한국과 중국이 가입하기로 했다.

미중경쟁 시대는 경제와 안보를 구분하기 어렵게 전개된다. 과거의 냉전은 이념과 군사와 경제에서 세계를 두 진영으로 나누었다. 지금은 첨단기술을 포함한 경제전쟁과 군사각축이 병행하는 양상으로 출발했다. 이제는 경제가 안보고, 안보가 경제다. 세계는 '경제안보'의 시대로 진입했다.

불가피하게 미국과 중국 가운데 어느 한쪽에 무게중심을 더 많이 두어야 하는 경우도 있을 것이다. 그럴 때일수록 다른 한쪽의 존재도 염두에 두면서 분야별 개별전략과 그것들을 아우르는 복합전략을 함께 모색해야 한다.

2022년 12월 말 정부가 발표한 인도태평양전략은 한국외교에 많은 과제를 안겨주었다. 이제 와서 바꾸기도 어렵다. 한국은 그것을 한반도와 동아시아를 넘어 글로벌 외교로 나아가는 계기로 삼으면서, 동시에 지역안정에 기여하는 역할을 창의적으로 키워나가야 한다.

미중경쟁 시대에 한국은 딜레마에 처했다. 그러나 모든 기회가 사라진 것은 아니다. 한국은 어느 쪽에서건 자기편으로 끌어당기고 싶은 상대가 됐다. 한국은 종합국력 세계 6위, 경제력 10위, 군사력 6위의 국가다. 한국의 그런 힘을 활용하면서 강대국 외교를 확실히 하자.

번영의 문제에는 더욱 유연하자

미래 준비는 현재를 잘 아는 데서 출발해야 한다. 한국의 미래 번영은 첨단기술 개발과 확보에 달렸다. 반도체나 배터리는 한국이 기술과 생산역량을 보유한 분야다. 우주기술이나 첨단군사기술은 미국에 크게 의존하고 있다. 5G 통신장비나 원료 의약품은 중국산을 많이 사용한다. 한국은 미중경쟁 양상의 변화에 유연하게 대응하며 한국의 역량증대를 꾀해야 한다. 서울대 김상배 교수가 구체적인 제안을 내놓았다.

글로벌 공급망의 변화 움직임 속에서 한국이 단순한 생산 기지를 넘어 혁신자로 도약하도록 위상과 역량을 향상시켜야 한다. 미국이 반도체와 배터리 공급망 취약성을 완화하기 위해 추진하는 전략에도 한국이 가능한 한 협력하면서, 기술혁신의 기회로 활용해야 한다. 백신개발을 위해서도 미국과 협력하되, 한국의 생산능력을 증대시키는 기회로 활용할 필요가 있다.

글로벌 공급망의 재편과정에서 중국 의존을 완화하도록 파트너를 다변화하면서, 한중관계를 포용적으로 이끌어가는 유연한 전략을 구사할 필요가 있다. 배터리, 전기차, 의료 원자재와 장비, 5G 통신장비 등은 어느 정도 중국에 의존할 수밖에 없다. 미국 주도의 공급망 재편과정에서 미국과 협력하더라도, 중국과의 우호적 교류관계를 유지하는 노력을 병행해야 한다.

미국 기업들이 주도하는 디지털 플랫폼 경쟁에서는 지배 플랫폼 위에서 응용 플랫폼을 추구하면서, 한국 플랫폼의 개방적 호환성을 유지할 필요가 있다. 인공지능, 클라우드, 데이터 같은 디지털 플랫폼 분야는 미국 기업들이 우위를 차지하지만, 한국이 독자적 플랫폼 또는 생태계를 구축할 여지도 있다. 전자상거래와 핀테크 등 인터넷 서비스의 플랫폼 분야에서는 글로벌 표준화와의 호환성을 유지하는 개방적 호환전략을 모색해야 한다.

기술과 안보의 연계현상에 적극 대응해야 한다. 5G 미중

갈등과 미국의 화웨이 제재로 상당수 국가들이 기술적 고려를 넘어 안보 위험까지 전략적으로 고려하게 됐다. 기술적 효율성에만 집착하지 말고, 안보 변수를 복합적으로 고려하는 '유연한 관리'의 발상을 도입해야 한다.

미국이 상대적으로 우위인 첨단 방위산업 같은 분야에서는 미국과 긴밀히 협력하면서, 한미 안보협력을 업그레이드해야 한다. 우주기술 분야에서도 주요국들의 경쟁에서 발견되는 틈새를 공략해야 한다. 기존 우주강국들과 차별화된 틈새전략을 추진해 중견국 및 개도국들과 우주협력을 확대해야 한다.

미디어·콘텐츠 분야에서 미국의 플랫폼 지배력과 한국의 콘텐츠 생산력 사이의 틈새를 개척해야 한다. 넷플릭스나 디즈니플러스 같은 미국 OTT 기업들의 한국 진출은 한국 OTT 플랫폼 기업에 위기지만, 미국 기업들의 큰 투자는 한국 콘텐츠 산업에 기회가 될 수도 있다. 중국 콘텐츠 기업들이 한국 투자를 늘리는 상황도 기회로 활용할 수 있을 것이다. 해당 분야의 플랫폼을 장악한 세력과 개방적 호환성을 유지하면서, 콘텐츠 경쟁력을 길러 한국의 가치를 높여야 한다.

동지국가 연대외교를 추진하자

보이면 힘이 커진다. 더구나 한국은 이제 약소국이 아니다. 뜻을 같이하는 중견국들과 지혜를 모아야 한다. '전략적 자율성'을 키워가야 한다.

냉전 시대와 달리 지금은 외교적·경제적으로 좀 더 느슨한 진영을 형성하면서, 선택적 분야에서 경쟁한다. 여러 블록이 형성되지만 반드시 배타적으로 구성되는 것은 아니다. 많은 나라들이 때로는 중복적 또는 선택적으로 블록에 가입한다.

양자 및 다자 차원에서 미국 주도의 사이버 동맹외교에 대응하면서, 동아시아 및 글로벌 차원에서 '동지국가' 연대외교를 추진할 필요가 있다. 미국 주도의 서방 네트워크에 참여하더라도, 중국을 불필요하게 자극하지 않는 행보를 취해야 한다.

미국과 중국이 제시하는 프레임워크 이외에 한국이 중견국으로서 리더십을 발휘할 수 있는 연대외교의 틀을 개발해야 한다. 멕시코, 인도네시아, 한국, 튀르키예, 호주가 참여하는 중견국 외교협의체 믹타(MIKTA), 선진 및 중견 15개국이 참여하는 글로벌 인공지능 파트너십(GPAI), 동아시아 지역협력협의체 아세안+3, 아세안지역안보포럼(ARF) 등도 좋은 무대다.

신흥기술 분야를 중심으로 하는 다양한 국제규범 형성과정에 적극 참여해야 한다. 국제규범의 동향과 개별 국가들의 입장을 상시적으로 점검하고, 각 분야 국제규범 형성구도의 유동성에 탄력적으로 대응할 체계를 마련해야 한다. 사이버 안보, 우주의 군사화와 무기화, 인공지능 탑재 무기체계 개발에서 한국의 국익과 리더십을 규범 형성과정에 반영하도록 노력해야 한다. '워싱턴 컨센서스'와 '베이징 컨센서스'의 복합모델로서 중견국 한국의 매력을 살리는 '서울 컨센서스' 모델을 모색해야 한다.

통상국가로서 모든 나라와 잘 지내자

이 책 서두에 썼던 것처럼, 대한민국은 통상국가다. 세계 200국가와 어떤 형태로든 무역을 하고, 그 힘으로 경제를 꾸려왔다. 무역을 계속하고 확대하려면, 어느 나라와도 잘 지내야 한다. 어느 나라에도 적대감을 주어서는 안 된다.

우리의 조상들은 중국에 새로운 국가가 등장해도 어느 국가와 친교할 것인지를 놓고 명분론으로 내부 싸움을 계속하곤 했다. 이제 대한민국은 그런 나라가 아니다. 명분론으로 무역 상대를 가릴 처지가 아니고, 세상이 그렇게 흑백으로 나뉠 수 있는 것도 아니다. 적어도 무역 상대를 대하면서 이념으로 피아를 가려서는 안 된다.

윤석열 대통령이 아랍 에미리트 연합(UAE)을 방문했을 때 이란이 UAE의 적국이라고 말한 것은 실수였다. 이란이 한국의 적국이라고 말하지는 않았지만, 이란과 UAE의 관계 개선을 무시했고 이란이 한국과도 안 좋은 관계인 것처럼 들릴 수 있었기 때문이다.

모든 나라와 잘 지내기가 몹시 어려울 때도 있다. 그럼에도 불구하고, 한국의 무역 등 경제에 미칠 악영향을 최소화하는 지혜를 발휘해야 한다. 우리는 통상국가의 숙명을 잊어서는 안 된다.

미국은 동맹 한국을 존중하라

미국은 한국의 유일한 동맹이다. 한국과 미국은 민주주의, 인권, 법치주의, 시장경제, 공정경쟁 등의 가치를 공유한다. 안보를 중심으로 하던 한미동맹이 이제는 첨단기술 등의 분야로 확대됐다. 동맹은 당연히 존중해야 한다. 국가의 지향점을 분명히 하면서 국제사회의 신뢰를 유지해야 한다.

미국에도 말한다. 대만 유사시에 주한미군을 투입하는 일은 한국이 결코 수용할 수 없다. 같은 미국의 동맹이지만, 한국의 안보환경은 일본이나 호주와 다르다. 동맹 한국이 한반도 평화를 위해 필요한 역할을 하도록 미국이 동의하고 지원하기를 바란다. 한반도 평화의 최대 당사국은 한국이다.

경제와 기술에서도 그렇다. 미국은 반도체 역량을 강화하기 위해 한국, 일본, 대만과 '칩4'를 결성하고 있다. 한국도 참여를 시작했다. 다만 한국은 반도체 수출의 약 60%, 소재 수입의 약 60%를 중국과 홍콩에 의존한다. 미국과의 반도체 기술 협력과 중국에 대한 수출 수입을 일정하게 양립할 수 있는 지혜를 발휘해야 한다. 동맹이 부강해지는 것이 미국에도 도움이 된다. 그런 점에서 미국의 인플레이션감축법(IRA)이 현대 전기차를 보조 대상에서 배제한 것은 잘못이다.

2022년 10월 30일 자《뉴욕타임스》는 우크라이나 전쟁 이후 각국과 러시아의 무역 변화를 보도했다. 영국 -79%, 스웨덴 -76%, 미국 -35%, 한국 -17%, 독일 -3%였다. 반대로 인도 +310%, 튀르키예 +198%, 브라질 +108%, 벨기에 +81%, 중국 +64%, 스페인 +57%, 네덜란드 +32%, 일본 +13%였다. 한국은 러시아와의 무역 감소를 감수하면서 미국과 함께하고 있다. 미국은 동맹들의 이런 현실을 직시해야 한다.

한국은 1950년대 세계 최빈국의 하나에서 이제는 종합국력 세계 6위 국가로 도약했다.《유에스뉴스앤드월드리포트》가 2022년 국력을 그렇게 평가했다. 한국은 미국의 도움으로 안보를 유지했고, 광범하게 미국의 영향을 받으며 발전했다. 그런 의미에서 한국의 성공은 미국의 성공이다. 한국의 성공을 미국은 자랑스러워할 만하다. 한반도에 평화를 정착시키며 더 번영하려는 한국 국민의 소망을 미국이 도와주길 바란다.

제4장

나의 외교 경험과
한국외교의 길

경험은 소중하다. 경험 없는 이론은 공허하고, 이론 없는 경험은 맹목이다. 경험의 축적 위에 세워야, 이론도 체계도 탄탄해진다. 외교 경험도 그렇다.

노무현 정부의 첫 외교장관이었던 윤영관 서울대학교 명예교수는 미국과 중국을 고래에 비유했다. 바다에 두 마리 고래가 산다. 다른 물고기들은 고래의 밥이 되거나 아니면 영리하게 살아간다. 한국은 돌고래가 돼야 한다. 돌고래처럼 민첩하고 영리하고 매력적으로 헤쳐나가야 한다. 돌고래 같은 외교를 펼쳐야 한다. 한국은 그럴 수 있다고 나는 믿는다. 그러기 위해서도 경험은 소중하다.

1.
총리외교의
회고와 성과

소개를 시작하며

내가 총리로서 방문한 나라는 주로 개도국이었다. 미국, 중국, 일본, 러시아도 방문했다. 그러나 4강 외교는 대통령과 외교부가 주로 맡았고, 나는 보완 역할을 맡았다. 일본에는 새 국왕 즉위식에 축하 사절로 갔지만, 아베 총리와 회담했다. 러시아에는 동방경제포럼에 참석하러 갔다가 푸틴 대통령과 회담했다. 중국에서는 보아오 포럼에 참석한 길에 리커창 총리와 회담했다. 미국에서는 한국 기업의 준공식에 참석해 트럼프 대통령의 축하 메시지에 화답했다.

강대국 외교의 중요성은 두말할 필요도 없다. 그렇다고 개

리커창 중국 총리. 2019년 보아오 포럼에 참석한 기회에 총리회담을 열고 미세먼지 저감을 위한 한중 환경협력에 합의했다. 내가 총리를 마친 뒤에 그는 특사를 서울로 보내 나에게 인사를 전했다. (2019. 3. 중국 하이난다오)

도국 외교가 중요하지 않은 것은 결코 아니다. 한국의 무역도, 경제협력도, 국민의 진출도 개도국으로 급속히 확산되고 있다. 개도국 외교도 그만큼 중요해졌다. 그 일의 일부를 내가 맡은 것은 행운이고 영광이었다.

나는 총리로 2년 7개월 13일을 일하면서 30개국(경유 포함)을 방문했다. 총리로서는 전례 없이 많은 나라를 찾았다. 방문국 가운데는 한국 총리가 처음 가는 나라가 많았다. 17년 또는 25년 만에 가는 나라도 있었다. 그만큼 한국의 고위외교는 그동안 빈약했다. 늦게나마 총리가 정상급 외교를 보완한 것은 잘한 일이라고 생각한다. 그것은 전적으로 문재인 대통령의 의

지였다.

나는 대통령 전용기를 오래 이용했다. 2018년 7월 케냐, 탄자니아, 오만 순방부터 마지막 해외일정이었던 2019년 10월 일본 방문까지였다. 총리가 대통령 전용기를 탄 전례는 드물었다. 1999년 9월 김종필 총리의 일본 방문, 2011년 4월 김황식 총리의 중국 방문 때 '공군 2호기'를 이용한 것이 전부였다.

나는 주로 '공군 1호기'를 탔고, 가까운 나라에 갈 때는 '공군 2호기'를 탔다. 일본은 가장 가깝지만 공군 1호기로 갔다. 그때 한일 간에 어려운 현안이 가로놓여 있었고, 취재기자 등 일행도 많았기 때문이었다.

대통령 전용기 이용은 총리외교를 중시한 문재인 대통령의 배려였다. 문 대통령은 국무회의에서 전용기를 총리와 함께 타겠다고 밝히면서 '투 톱 외교'라고 명명했다. 외교부 등 관계 부처의 협력을 당부하기도 했다. 외교부에는 나의 외교를 돕는 팀도 생겼다. 한 번은 문 대통령이 이렇게 말했다. "중국이 부러울 때가 있습니다. 중국은 부총리가 많아서 세계 오지에까지 부총리를 보내 촘촘하게 외교를 합니다. 우리는 그렇게 할 수가 없으니, 제가 못 가는 곳은 총리께서 자주 가셔야 합니다."

대통령 전용기를 탄 덕분에 총리외교의 위상이 높아졌고, 이동시간이 절약됐다. 민간항공기를 이용하면 중간에 갈아타야 하는 경우가 있지만, 전용기는 그럴 필요가 없으므로 시간이 절약됐다. 대통령 전용기를 타고 가면 상대국에서도 더 좋게 보는 것으로 느껴졌다. 전용기가 방문국 공항에 도착할 때면, 전용기 꼭대기에서 태극기와 방문국 국기가 X자 모양으로 나부꼈다. 공항에 영접 나온 방문국 인사들은 그것을 좋아했다. 일부는 두 국기를 비행기 위에 어떻게 꽂는지 신기해하며 묻기도 했다.

나는 대통령 전용기 안에서 한 번도 누워서 자지 않았다. 늘 업무용 테이블 앞 의자에 앉아서 잤다. 침대와 그 부근은 내가 근접해서는 안 되는 공간이라고 나는 믿었다. 아주 먼 거리를 가던 어느 날 비서진은 완전히 눕혀지는 의자를 준비해주었다. 나는 그것을 치우게 하고, 테이블 앞 의자에 앉아서 잤다. 나는 살면서 늘 '선(線)'을 지키고자 했다. 답답하다고 보는 사람도 있지만, 나는 그것이 오히려 편하다. 그것이 도리이기 때문이다.

대통령 전용기 안에서 나는 방문국과의 외교현안과 방문국 자체를 공부했다. 한국과의 관계와 현안, 방문국의 역사, 문화, 경제, 정치와 지도자의 이력, 주요 정책과 인간적 특징 등을 두루 살폈다. 식사 시간에도 방문국 음식이나 그에 가까운 메뉴를 골라 먹었다. 나의 머리는 물론, 몸까지도 방문국을 잘 알도록 미리 만들어놓으려고 노력했다.

어느 나라를 방문하건, 아니면 국내에서 외국 지도자를 만나건, 나는 최선을 다했다. 대부분의 경우에 상대국과의 현안 등 중요한 문제에 대한 합의는 대체로 실무선에서 미리 만들어

문재인 대통령은 외교의 중요성을 늘 강조했다. 국무회의에서 직접 '투톱 외교'를 발표하고 대통령
전용기를 함께 쓰도록 조치했다. 2018년 7월부터 나는 대통령 전용기를 타고 외국을 방문했다.

놓는다. 그것은 정상외교도, 총리외교도, 장관외교도 마찬가지
다. 그런 실무합의를 확인하고 그 바탕 위에서 중요 메시지를
교환하는 것이 정상외교나 총리외교다.

그러나 현장에서의 태도나 즉각적 대응은 언제나 중요하
다. 그것은 공부와 평소의 내공을 필요로 한다. 시나리오가 있
다고 해도, 감독과 배우가 누구냐에 따라 영화가 달라지는 것
과 같다. 외교현장에서 기대 이상의 수확을 얻거나 신뢰를 높
이는 것은 외교에 임하는 지도자의 역량에 크게 영향받는다.
반대로 지도자가 뜻밖의 실수를 하거나 뭔가를 누락하면, 그것
은 돌이키기 어려운 상처를 국가에 남긴다.

나는 한국의 이미지를 높이고 신뢰를 얻으며, 상대국 국민과 지도자에게 감동을 주려고 최선을 다했다. 상대국이나 그 지도자에 대한 감사와 칭찬을 빠뜨리지 않으며, 기분 좋은 유머도 곁들였다. 결과는 좋았다.

재임 전반기

① 2017년 10월: 남유럽

그리스와 불가리아를 공식 방문했다. 나로서는 총리 취임 후 첫 해외순방이었다.

○ **그리스**: 민주주의와 근대 올림픽의 뿌리로 인류에게 기억되는 국가다. 6·25 한국전쟁에 참전했다. 선박산업이 크고, 올리브 등 농산물이 풍부하다. 인구 1,031만 명.

노무현 대통령이 2006년 그리스를 방문했지만, 총리로서는 나의 방문이 1961년 수교 이후 처음이었다. 그리스는 내가 총리로서 처음 방문한 외국이기도 했다. 나는 평창 동계올림픽(2018. 2.) 성화 채화를 겸해 그리스를 방문했다.

첫날 나는 동행한 한국 기업인 대표들과 조찬을 하고, 한국전 참전기념비에 헌화하는 것으로 일정을 시작했다.

이이 프로코피스 파블로풀로스 대통령을 예방했다. 나는 그리스의 6·25 참전과 평창올림픽 지원에 감사를 전했다. 한국의 조선산업 성장에 그리스의 도움이 컸다고 감사하며, 해운 조선 분야의 협력 확대를 기대한다고 말했다. 파블로풀로스 대통령은 한국의 과학기술과 교육의 발전을 평가하며, 그리스 선박 기자재를 더 많이 이용해달라고 말했다.

알렉시스 치프라스 총리와도 회담했다. 그는 한국의 공공서비스 혁신 기술과 경험을 전수받아 그리스 공공행정

총리로서 나의 첫 해외방문국 그리스에서의 무명용사비 참배. 우리의 무명용사를 영어로는 Unknown Soldier(알지 못하는 군인)라고 부른다. 영어 표현은 더 객관적이고, 우리 표현은 더 슬프다. (2017. 10. 그리스 아테네)

을 향상시키고 싶다고 말했다. 그날 전자정부협력 MOU(양해각서)를 체결했다. 나는 그리스 선박업계 지도자들과 간담회를 열어 한국 기자재 업계와의 보완적 협력을 요청했다.

○ **불가리아**: 튀르키예의 동유럽 진출 통로에 놓여 1396년부터 500년 동안 오스만 제국의 지배를 받았다. '유럽의 화약고' 발칸반도 국가 가운데 가장 먼저 민주화했고, 북대서양조약기구(NATO)에 2004년 가입했다. 산업발전을 위해 노력하고 있다. 인구 685만 명.

한국 총리로서는 6년 만에 방문했다. 보이코 보리소프 총리와의 회담에서 양국의 실질협력 증진방안, 평창 동계올림픽과 북한 비핵화 등 한반도 평화를 논의했다. 보리소프 총리는 자동차 등 제조업 투자 유치를 통해 일자리를 늘려야 한다면서 한국의 협조를 강력히 요구했다.

② 2018년 3월: 중남미

도미니카공화국을 방문하고 브라질 제8차 세계물포럼에 참석했다. 중간에 스페인과 파나마를 경유했다.

○ **도미니카공화국**: 카리브해 이스파니올라섬 동쪽의 나라다. 같은 섬 서쪽에는 아이티가 있다. 남동쪽의 다른 섬 도미니카연방과는 별도의 국가다. 카리브해에서 가장 부유

하다. 플랜테이션 농업으로 커피, 담배, 설탕을 주로 생산한다. 풍광이 아름다워 영화 〈대부 2〉의 대부분을 도미니카공화국에서 촬영했다. 인구는 1,100만 명.

한국 고위인사로서는 나의 방문이 1962년 수교 이래 처음이었다. 나는 다닐로 메디나 대통령과 회담했다. 나의 주된 숙제는 SK에너지의 LNG발전소 수주와 한국전력의 송배전망 개선사업 확대를 돕는 것이었다. 숙제를 잘했다.

o **브라질**: 칠레와 에콰도르를 제외한 모든 남미 국가와 국경을 맞대고 있을 만큼 넓다. 세계에서 다섯 번째로 넓다. 북쪽에 세계에서 수량이 가장 많은, 길이 6,300km의 아마존강이 흐르며 국토를 적신다. 사탕수수와 커피 같은 농산물이 풍부해 국가 경제를 받쳐주지만, 아직도 경제적으로 유럽과 미국에 의존한다. 인구는 1억 1,535만 명.

상파울루를 먼저 찾아 한인상가를 방문하고 교민행사에 참석해 격려를 건넸다. 주앙 도리아 상파울루 시장을 만났다. 나는 한인들이 안심하고 살면서 상파울루 시민으로서 이웃을 사랑하고 책임을 다하도록 도와주어 고맙다고 인사했다. 상파울루와 캄피나스를 연결하는 간선철도 건설사업에 한국 기업 현대로템이 참여하도록 도와달라고 부탁했다. 이어 나는 상파울루 경제단체장들을 만났다.

제8차 물포럼은 수도 브라질리아에서 '물의 공유(Sharing

Water)'를 주제로 열렸다. 개막식에서 나는 물의 혜택, 물 관리 기술, 물 갈등의 거버넌스를 공유하자고 연설했다. 개막식에 앞선 리셉션에서 나는 나중에 국왕이 된 나루히토(德人) 일본 왕세자를 만났다. 물포럼 개막식을 마치고 미셰우 떼메르 브라질 대통령을 예방했다.

○ **파나마, 스페인:** 도미니카공화국과 브라질에 가는 길에 스페인 수도 마드리드에서 하룻밤을 묵었다. 도미니카공화국에서 브라질로 가는 길에는 파나마를 경유했다. 서울에서 만났던 이사벨 데 생 말로 데 알바라도 부통령 겸 외교장관과 파나마 공항 귀빈실에서 조우했다. 파나마운하를 찾아 그 관리와 경영 등을 알아봤다.

③ 2018년 5월: 서유럽

오스트리아와 아일랜드를 공식 방문했다. 중간에 영국을 경유했다.

○ **오스트리아:** 제국으로서 번성하고 이웃을 지배한 기간도 길었지만, 결국은 세계대전을 치렀고 그 결과는 참혹했다. 그런 지정학적 위치와 역사적 경험에서 영세중립국이 됐다.

한국 총리의 방문은 14년 만이었다. 나의 상대는 제바스티안 쿠르츠 총리였다. 당시 32세로 오스트리아 사상 최연소 총리, 현직 세계 최연소 국가지도자였다. 74세 알렉산더 판 데어 벨렌 대통령은 지혜롭고 배려심이 많은 지도자였다. 오스트리아는 이원집정부제 정부형태로 대통령이 상당한 실권을 행사한다.

한국과 오스트리아의 전통적 우호협력관계를 심화하고 과학기술·R&D·중소기업 등 미래협력을 강화하기로 했다. 오스트리아 출신으로 소록도에서 40년 넘게 봉사한 간호사 마리안느와 마가렛의 얘기로 감사를 전했다. 그 얘기는 나중에 상세히 쓰겠다.

ㅇ **아일랜드**: 220년 동안 바이킹의 침략을, 700년 동안 영국의 지배를 받았다. 18~19세기에는 세 차례나 기근을 겪었다. 1921년 독립했으나 32개 군 가운데 26개 군이 아일랜드, 6개 군이 영국령 북아일랜드로 나뉘었다. 인구 502만 명.

오랜 역경을 겪은 아일랜드가 이제는 1인당 국민소득 10만 달러를 넘었다. 룩셈부르크 다음으로 높다. 법인세를 대담하게 낮추어 다국적 기업들을 대거 유치한 것이 주효했다. 영어를 쓰고 국민의 뿌리에서나, 지리적으로나 미국과 가깝다는 것도 기여했다.

한국 총리의 방문은 28년 만이었다. 나는 마이클 히긴스 대통령을 예방하고, 레오 바라드카 총리와 회담했다. 두 지도자는 한반도 평화를 진지하게 걱정하며 지지를 표시해주었고, 나는 한반도 정세와 정부의 노력을 설명했다. 바라드카 총리는 아일랜드의 요리사 부족을 설명하면서, 한국의 역량 있는 요리사들이 오기를 바란다고 말했다. 그는 고등학교 선택과목에 한국어를 포함시켰다고 전했다. 나는 아일랜드 트리니티대학의 세종 분교 설립을 위해 함께 협력하자고 제안했다.

○ **영국**: 오스트리아에서 아일랜드로 가는 도중의 주말에 런던을 경유했다. 감동적인 사건이 있었다. 뒤에 소개한다.

④ 2018년 7월: 중동, 아프리카

○ **케냐**: 영국 보호령을 거쳐 1963년 독립했다. 스와힐리어와 영어가 공용어다. 야생동물이 서식하기 좋아 나이로비 국립공원 등은 세계적인 자연보호구역이 됐다. 관광산업이 활발하고, 커피와 꽃의 생산이 많다. 한국 교민도 우수한 커피 농장을 경영한다. 인구는 5,221만 명.

한국 총리로는 6년 만의 방문이지만, 한국과 케냐는 교류가 빈번했다. 나로서는 대통령전용기 공군 1호기를 타고 처음 방문한 국가가 케냐였다. 나는 우후루 케냐타 대통령과 회담했다. 케냐타 대통령은 케냐와 한국이 아시아와 아프리카 사이의 교량 역할을 하는 파트너십 관계를 구축하기를 희망했다. 나는 케냐타 대통령의 4대 국정과제(제조업 발전, 식량 안보, 보편적 의료, 주거안정)의 실현에 한국이 참여해왔고, 앞으로도 참여를 확대하고 싶다고 말했다.

○ **탄자니아:** 유엔의 영국 신탁통치령이었던 탕가니카, 영국 보호령이었던 잔지바르가 각각 독립해 1964년 탄자니아로 통합했다. 스와힐리어와 영어가 함께 공용어다. 경제 기반이 아직 취약하지만, 국민의 모바일 이용률과 경제성장률이 아프리카에서 드물게 높다. 아프리카에서 한국의 최대 개발협력 파트너가 됐다. 인구 6,329만 명.

한국 정부 정상급으로서는 1992년 수교 이래 첫 방문이었다. 2018년 1월 서울의 탄자니아 대사관 개설로 양국의 관계 발전이 본격화했다. 나는 존 마구풀리 대통령을 예방했고, 카심 마잘리와 총리와 회담했다. 2025년까지 국민 1인당 2,000달러 소득 달성을 목표로 하는 탄자니아 '국가개발전략 2025'의 제반 분야에서 양국 협력을 강화하기로 했다. 큰 건설공사 얘기는 나중에 소개한다.

○ **오만:** 1692년부터 1856년까지 인도양 서쪽과 동아프

리카를 지배했다. 1891년 영국의 보호령이 됐다가 1951년 독립했다. 인구 447만 명.

중동을 '세계의 화약고'라고 부르지만, 오만은 '중동의 스위스'라고 불릴 만큼 평화롭다. 왕실과 지도층의 지혜 때문이다. 중동에서 전쟁이나 분쟁이 터지면, 오만은 중립을 취하며 중재하거나 평화회담을 열어준다. 한국 청해부대 함정을 포함해 미국 등 여러 나라 해군 함정이 오만 샬랄라에 기항하는 것도 평화가 있기 때문이다.

한국 총리로서는 6년 만의 방문이었다. 나는 아사드 알사이드 대외관계 담당 부총리와 회담해 경제협력 확대 방안을 집중 논의했다. 오만은 LNG의 안정적 수입을 한국에 희망했다. 나는 한국 기업의 오만 진출 확대를 기대했다.

⑤ 2018년 8월: 인도네시아

1만 8,100여 개 섬(유인도 6천)으로 이루어진 동남아시아 최대 국가다. 인구 2억 7,913만 명으로 세계 4위, 이슬람 인구(약 2억 명)는 세계에서 가장 많다. 태평양과 인도양, 아시아와 오세아니아에 걸쳐 동서로 5,100km, 남북으로 1,600km나 뻗어 있다. 시간대도 세 개나 된다. 다양한 종족과 언어와 종교를 통합하며 국내외적으로 개방적 정책을 취해왔다. 네덜란드 식민지에서 1945년 독립을 선언, 1949년 완전 독립했다. 군사독재를 거쳐 민주화했다. 한국과는 1973년 수교 이래 정상외교를 포함한 교류가 활발했다. 문재인 정부 신남방정책의 핵심 파트너가 됐다.

8월 18일 도착 당일 저녁 자카르타-팔렘방 아시안게임 개회식에 참석했다. 나는 그날의 외빈 가운데 최고위급이었다. 한국이 외국에서 열린 아시안게임에 총리를 보낸 것은 처음이었다. 그 이유는 남북화해 때문이었다. 아시안게임 개회식에 앞서 조코 위도도 대통령은 나와 북한 리룡남 부총리를 함께 초청해 환담했다. 나중에 소개한다.

조코 위도도 인도네시아 대통령과 아시안게임 태권도 품새 경기를 보았다. 그 경기에서 인도네시아 여자 선수가 금메달을 땄다. 위도도 대통령은 나와 리룡남 북한 부총리를 함께 초청해 대화하는 등 남북한 화해를 지원했다. (2018. 8. 자카르타)

⑥ 2018년 9월: 러시아, 베트남

○ **러시아:** 면적 17,098,246km², 세계에서 가장 넓은 나라다. 14개국과 국경을 맞대고 있다. 1991년 소련 붕괴 이후 소련의 권리와 의무를 승계했다. 유엔 안전보장이사회 상임이사국이다. 인구는 약 1억 4,500만 명.

블라디보스토크에서 러시아가 해마다 주최하는 동방경제포럼에 참석했다. 2018년 세계는 한반도를 주목했다. 2월 평창 동계올림픽에는 북한이 참가했다. 4월과 5월에는 판문점에서 남북정상회담을, 6월에는 싱가포르에서 북미정상회담을 열었다. 그런 분위기가 동방경제포럼 참가국 지도자들과 나의 회담에도 영향을 미쳤다. 회담에서는 북한 비핵화와 한반도 평화를 위한 협력이 공통적으로 논의됐다. 그 기회에 러시아, 일본, 몽골 지도자와 회담했다. 중국 지도자도 만났다.

먼저 아베 신조 일본 총리와 회담했다. 두 번째는 할트마 바툴가 몽골 대통령과의 회담이었다, 방문 마지막 날에 블라디미르 푸틴 러시아 대통령과 회담했다. 푸틴 대통령은 지각으로 유명했으나 그날은 나보다 먼저 회담장 입구에 도착해 나를 맞았다. 나는 1년 전 동방경제포럼에 참석한 문재인 대통령과 푸틴 대통령이 합의했던 '9개 다리'의 이행에 집중해 말했다.

이웃나라 정상들과 나란히 섰다. 동방경제포럼 기념 국제요트경기대회 개막식. 왼쪽부터 나, 아베 신조 일본 총리, 시진핑 중국 주석, 블라디미르 푸틴 러시아 대통령, 할트마 바톨가 몽골 대통령. (2018. 9. 러시아 블라디보스토크)

시진핑 중국주석과는 동방경제포럼 개막식을 기다리던 귀빈실에서 만났다. 나는 간접적 인연을 소개했다. 한국의 전라남도는 중국 저장성과 자매결연 관계에 있고, 시진핑 주석은 2005년 저장성 당서기로서 전남을 방문했다. 나는 2014년 전남지사가 됐고, 2015년 저장성을 방문했다. 그 얘기를 듣더니 시진핑은 "우리는 형제군요."라고 화답했다.

○ **베트남**: 중국의 오랜 지배를 겪고 프랑스의 식민지배

를 거쳐 1945년 독립했다. 그러나 다시 남북으로 분단돼 1960년부터 15년 전쟁(베트남전쟁)을 치른 끝에 통일을 이루었다. 1986년 도이모이(쇄신)라는 개혁개방정책을 단행, 초국적 기업 유치 등으로 경제발전에 돌입했다. 1995년에는 미국과 수교하며 경제성장을 가속화했다. 한국으로서도 베트남은 동남아 최대의 무역 및 투자 상대가 됐다. 문재인 정부 신남방정책의 핵심파트너로, 인적 물적 교류가 급증했다. 인구 9,895만 명.

문재인 대통령은 유엔총회에 참석 중이어서 쩐 다이 꽝 국가주석의 장례식에 내가 조문사절로 참석했다. 조문사절 가운데 총리급으로는 훈센 캄보디아 총리와 내가 참석했다. 응우옌 쑤언 푹 총리와 회담하고, 당 티 응옥 팅 국가주석대행을 예방했다. 이어 훈센 캄보디아 총리와 회담했다. 우리는 양국 관계 발전과 한-아세안 다자협력 확대 방안을 논의했다.

나는 고 호찌민 주석의 거처를 방문했다. 위대했으나 검소했던 고인의 삶에 머리가 숙여졌다. 나는 그런 마음을 방명록에 적었고, 사진과 함께 SNS에 올렸다. 내가 방명록에 쓴 '주석님'이라는 표현을 국내 일부 세력이 비열하고 집요하게 악용했다. 그들은 내가 평양을 방문해 김일성을 찬양했다는 가짜뉴스를 만들어 몇 년 동안 퍼뜨렸다.

재임 후반기

① 2018년 12월: 마그레브

아프리카 북서부를 통칭하는 '마그레브(아랍어로 '해가 지는 곳')'
지역 3개국을 차례로 방문했다.

○ **알제리**: 아프리카 대륙에서 면적이 가장 넓다. 1830년
부터 프랑스의 식민지배를 받다가 1954년부터 8년 동안
프랑스와 유혈전쟁을 벌인 끝에 1962년 독립했다. 인구
4,535만 명.

　1990년 수교 이래 한국 총리의 방문은 처음이었다. 외
교다변화와 함께 알제리의 여러 대형 사업에 한국 기업
이 참여하도록 지원하는 것이 나에게 주어진 숙제였다.
2006년 노무현 대통령이 알제리를 방문해 전략동반자 관
계를 맺은 토대 위에서 나의 노력을 얹었다.

○ **모로코**: 최단 거리 14km의 지브롤터 해협을 사이에 두
고 스페인과 마주한다. 아랍문명과 유럽문명이 섞인 독특
한 문화를 형성했다. 그러나 유럽과 아랍의 대서양 진출을
위한 각축장이 되기도 했다. 산업화를 추진하고 청년들은
한류를 좋아한다. 그것이 한국과의 관계를 끌어올린다. 인
구 3,740만 명.

한국 총리로서는 4년 만에 방문했다. 나의 상대 사드에 딘 엘 오트마니 총리와는 구면이었다. 그와는 그 해에 이미 두 차례 회담했었다. 3월에는 세계물포럼 참석차 방문한 브라질 브라질리아에서, 5월에는 서울에서 회담했다. 한국과 모로코는 활발히 교류해왔다. 재미있는 장면이 있었다. 나중에 소개한다.

○ **튀니지**: 기원전 명장 한니발이 용맹을 떨친 카르타고의 땅이다. 1570년부터 오스만 제국의 지배를 받다 1635년부터는 세습왕조를 유지했다. 열강의 식민지 쟁탈전 속에서 1881년 프랑스 보호령이 됐다가 1956년 독립했다. 2010년 재스민 혁명으로 '아랍의 봄'을 열며 민주화를 진전시켰다. 풍광이 아름답다. 북아프리카에서 면적이 가장 좁다. 인구 1,200만 명.

1969년 수교 이후 한국 총리로서는 처음 방문이었다. 조달행정을 민주화하고 투명화하는 한국의 전자조달 시스템을 튀니지는 튜넵스(TUNEPS)라는 이름으로 발전시키며 사하라 남부 국가들에 확산시키고 있었다. 한국무역진흥공사(KOTRA)는 튀니지와 무역 및 투자의 증진을 위한 MOU를 체결했다. 한국국제협력단(KOICA)은 전자조달 시스템의 확대와 개선을 지원하기로 튀니지 총리실과 합의했다. 토지정보 시스템은 경제개발협력기금(EDCF) 차관으로 지원하기로 했다.

② 2019년 3월: 중국, 몽골

ㅇ **몽골**: 냉전 시대 공산권에 속했지만, 일찍이 정치를 민주화하고 경제와 사회도 개방했다. 수도 울란바토르에는 영어 간판이 넘친다. 문재인 정부 신북방정책의 핵심 국가 가운데 하나다. 중국과 러시아 사이의 내륙국가로서 제약이 있고, 인구도 337만 명으로 적지만, 천연자원이 풍부하다.

나는 할트마 바툴가 대통령 등을 예방하고 한반도 주변 황사 및 대기오염 감축을 위한 양국 간 협력의 필요성을 강조했다. 2021년 대통령에 당선한 오흐나 후렐수흐 총리와 회담하며 많은 호혜적 사업을 진척시켰다. 두 지도자와의 각별한 사연은 나중에 소개한다.

ㅇ **중국**: 영토는 러시아, 캐나다, 미국에 이어 네 번째, 경제력은 GDP 세계 2위. 인구는 약 14억 명으로 세계 최다였지만 2023년 인도에 역전됐다. 중국의 황허문명은 세계 4대 문명 중 하나다.

나는 중국 최남단 하이난다오와 서부 중심 충칭에 갔다. 하이난다오 보아오 포럼 기조연설에서 국제사회의 환경 분야 협력을 강조했다. 리커창 중국 총리와 회담하며 미세먼지 저감을 위해 협력하기로 합의했다. 회담에서는 고비도 있었다. 나중에 소개한다. 충칭에서는 광복군청사복원 기념식에 참석하고, 임시정부 청사도 살폈다.

③ 2019년 4~5월: 중동, 중남미

○ **쿠웨이트**: 사우디아라비아와 이라크, 이란 사이에 놓여 어려움을 겪기도 했다. 인구 433만 명. 석유를 밑천으로 국가개발을 의욕적으로 추진한다. 쿠웨이트는 한국에 석유를 수출하고, 한국은 쿠웨이트에 건설을 수출하는 등으

아시아의 '다보스 포럼'으로 불리는 중국의 보아오 포럼 개막식. 리커창 총리, 자비에 베텔 룩셈부르크 총리, 반기문 전 유엔 사무총장 등이 함께했다. (2019. 3. 중국 하이난다오)

로 좋은 협력관계를 유지해왔다. 나는 쿠웨이트에서 최고의 배려를 받았다. 양국관계가 아주 좋다는 뜻이다.

쿠웨이트는 쿠웨이트만을 남북으로 가로지르는 해상연륙교 '셰이크 자베르 코즈웨이' 개통식을 늦추며 나의 방문을 기다렸다. 자베르 코즈웨이는 주교량(Main Bridge)을 현대건설이, 가지처럼 뻗은 부교량을 GS건설이 맡았다. 주교량이 36.14km로 중동에서 가장 길고, 부교량까지 합치면 48.57km로 세계에서 가장 긴 해상교량이다. 한국의 해외건설로는 리비아 대수로 다음으로 큰 규모였다.

개통식은 5월 1일 오전에 열렸다. 개통식은 내가 먼저 연설하고 쿠웨이트 교통부 장관이 보고하는 것이 전부였다. 이어 국왕은 나의 예방을 받고, 후계자인 동생을 내게 소개했다. 자베르 알 무바라크 알 사바 총리와는 따로 회담했다. 종합병원과 관련한 재미있는 얘기는 나중에 소개한다.

○ **포르투갈:** 유라시아 대륙 서쪽 끝의 나라다. 유라시아 대륙 동쪽 끝의 한반도와 육지로 연결됐지만, 가장 먼 곳에 있다. 일찍이 대항해에 나서 중동, 아프리카의 많은 나라와 남미 브라질을 식민지로 두었다.

나는 쿠웨이트를 방문한 뒤 포르투갈을 거쳐 남미 콜롬비아와 에콰도르로 갔다. 원래 포르투갈은 경유하기로 했으나, 총리회담이 이루어졌다. 한국 총리로서는 13년 만의 방문이었다. 안토니오 코스타 총리는 우주, 심해, 나노 연구센터를 설치하려 한다며 협조를 요청했다.

○ **콜롬비아**: 브라질에 이어 커피 생산 세계 2위. 아름답고 쾌적한 수도 보고타는 '남미의 파리'로 불린다. 인구 5,151만 명.

중남미 유일의 6·25 참전국이다. 참전기념탑 헌화와 참전용사 초청 오찬에 나는 성의를 다했다. 한국의 국제개발협력(ODA) 자금지원으로 건립해 2016년에 문을 연 '한-콜롬비아 우호재활센터'도 방문했다. 이미 노인이 되신 6·25 참전자는 물론, 콜롬비아 국내 마약퇴치 과정에서 부상한 경찰 등 부상 군경의 재활과 사회 복귀를 돕고 있는 곳이다. 재미있는 얘기를 나중에 소개한다.

○ **에콰도르**: 적도가 통과하는 나라. 찰스 다윈의 진화론에 영향을 준 '자연사 박물관' 갈라파고스가 속해 있다. 6·25 한국전쟁 때 유엔 안보리 비상임이사국이었지만 유엔군 한국파병 결정을 도왔다. 6·25 전쟁이 2년째 계속되던 1951년에는 지진을 겪으면서도 쌀과 의약품을 한국에 보내주었다.

1976년 현대자동차의 포니 6대를 세계에서 처음으로

수입한 인연이 있다. 그 가운데 1대를 구입한 사람이 훗날 부통령이 된 오토 손넨올스네르의 어머니였다. 한국의 대통령은 물론, 총리가 에콰도르를 방문한 것은 처음이었다. 나는 수도 키토의 명예시민이 되고 행운의 열쇠를 받았다. 감동적인 얘기를 나중에 소개한다.

o **미국**: 루이지애나주 레이크찰스에서 열린 롯데케미칼 에탄크래커 공장 준공식에 참석했다. 기립박수를 받은 사연을 나중에 소개한다.

④ 2019년 7월: 남아시아, 중앙아시아

o **방글라데시**: 인도의 일부로서 영국의 식민통치를 받았다. 인도가 영국으로부터 독립하자 파키스탄의 일부(동파키스탄)가 됐다. 그러나 종교(이슬람교)는 같지만 민족과 언어와 문화가 다른 서파키스탄(현재의 파키스탄)과 유혈투쟁을 벌여 1971년 방글라데시로 독립했다. 한반도의 3분의 2 면적에 1억 6천만 명이 산다. 갠지스강의 범람으로 엄청난 홍수를 자주 겪으며 산업기반도 부족하다. 그러나 젊은 노동인구가 많아 해마다 6% 이상의 경제성장을 이루어왔다.

한국 총리로서 17년 만의 방문이었다. 수도 다카에 들어서자 도로 곳곳에 내 사진이 걸려 있었다. 산업화 초기의 방글라데시가 한국의 협력에 많은 기대를 걸고 있다고 느꼈다. 나의 상대 셰이크 하시나 총리는 양국 간 무역불균형 개선과 방글라데시 노동자의 취업 증가를 위한 한국의 고용허가제 확대를 요청했다. 나는 양국 간 무역을 확대하면서 균형을 찾아가는 확대균형으로 가자고 말했다. 아울러 수많은 방글라데시 청년들이 한국에서 성실히 일하고 있다고 감사를 표시하고, 국내 노동시장을 고려하며 고용허가제 확대를 검토할 것이라고 대답했다. 다른 얘기를 뒤에 소개한다.

○ **키르기스스탄**: 1864년 제정러시아에 정복돼 소비에트연방에 속했다가, 1991년 소련 해체로 독립했다. 중앙아시아 국가 가운데 비교적 빠르게 민주화하고 있다. 세계무역기구(WTO)에도 중앙아시아 최초로 가입하고, 외국투자 유치에도 나섰다. 국토의 80%가 해발 2,000m 이상의 고산지대로 수자원과 관광자원이 풍부하다. 인구 664만 명.

나는 무하메드칼르이 아블가지예프 총리와 회담했고, 소론바이 제엔베코프 대통령을 예방했다. 두 지도자는 국가 발전을 위해 한국의 발전 경험을 배우고 싶어 했다. 한국은 국제개발협력(ODA) 사업으로 키르기스스탄 국립감염병원 개선사업 등을 지원하고 있었다. 나와 아블가지예프 총리는 보건의료, 전자정부, 교통, 기타 인프라 등의 분야에서의 협력 확대 방안을 논의했다. 아블가지예프 총리의 초청으로 가던 만년설의 국립공원 입구에서 제주도 사회단체 등산팀을 만나 놀랐다.

○ **타지키스탄:** 제정러시아-소비에트연방-우즈베키스탄-소비에트연방에 차례로 편입됐다가 1991년 소련 해체로 독립했다. 중앙아시아에서 유일하게 페르시아 문화권에 속한다.

총리의 방문은 1992년 수교 이래 처음이었다. 나는 라흐몬 대통령을 예방하고 대화했다. 나와 라술조다 총리는 무상원조기본협정을 체결하고, 타지키스탄 국립도서관에 '코리아 코너'를 설치하기로 MOU를 맺었다. 라술조다 총리의 안내를 받으며 나는 전력보급이 취약한 로밋 지역을 찾았다. 로밋에는 한국국제협력단(KOICA)이 전력망 구축사업을 벌이고 있었다. ODA 자금 600만 달러를 투입, 2020년 완공 목표로 2017년부터 배전소를 건설하고 배전망을 구축했다.

○ **카타르:** 풍부한 석유와 천연가스로 세계에서 손꼽히는 부자 나라가 됐다. 인구 298만 명. 1인당 국민소득은 9만 달러를 넘는다. 한국과는 호혜의 협력관계를 유지해왔다. 주로 카타르는 한국에 LNG를 수출하고, 한국은 카타르에

건설을 수출하며 협력해왔다.

한국 총리로는 6년 만의 방문이었다. 압둘라 빈 나세르 빈 칼리파 알 타니 총리는 회담과 공식오찬 이외에 사저에서 친교만찬을 따로 베풀어주었다. 그런 환대가 우리의 LNG 선박 수주에 기여했다. 그 얘기는 나중에 소개한다.

⑤ 2019년 10월: 일본

나루히토 일왕 즉위식 참석차 일본을 방문했다. 한일관계가 냉각됐던 시기여서 어려운 방문이었다. 나중에 소개한다.

서울에서 만난 외국 지도자들

외국의 총리가 한국을 방문했을 때는 대통령이나 총리가 상대한다. 외국 장관들이 총리를 예방하는 경우도 있다. 나는 서울에서도 수많은 외국 지도자를 만났다. 그것을 모두 여기에서 소개하기는 어렵다. 오래도록 잊히지 않는 만남을 여기에 남기고 싶다.

○ 벨기에: 아스트리드 공주가 2017년 6월 한국을 찾았다. 공주는 부총리와 역대 최대 규모의 경제사절단을 이끌고 열정적으로 일했다. 나는 아스트리드 공주와 면담하고, 총

리공관에서 만찬을 했다. 빵과 맥주가 맛있는 나라다. 한국에서 쓰는 당구공의 거의 전부가 벨기에산이다.

○ **튀르키예:** 비날리 이을드름 총리가 2017년 12월 한국을 방문했다. 6·25 한국전쟁에 미국, 영국 다음으로 많은 병력을 보낸 혈맹. 지금도 원활하게 교류하고 협력하는 우방이다. 2002년 한일월드컵 준결승전에서 한국과 튀르키예가 만났지만, 양측 응원단이 섞여 응원했고, 튀르키예의 승리를 한국민들이 축하했던 일은 양국을 '형제의 나라'로 각인시켰다. 나는 이을드름 총리와 회담하고, 총리공관에서 오찬을 함께했다. 감동의 사연은 나중에 소개한다.

○ **에스토니아:** 유리 라타스 총리가 2018년 2월 한국을 방문했다. 1991년 소련 해체로 독립했다. 인구 132만 명의 작은 나라. 전자정부에서 앞서간다.

○ **덴마크:** 프레데릭 크리스티안 왕세자 내외가 2019년 5월 한국을 방문했다. 6·25 한국전쟁에 파병한 혈맹이며, 많은 분야에서 한국과 협력하는 우방이다. 나는 왕세자 내외와 면담했고, 총리공관에서 만찬을 함께하며 이 시대의 고민에 관해 의미 있는 대화를 나누었다.

○ **룩셈부르크:** 인구 64만 명의 작은 나라. 1인당 국민소득은 13만 달러를 넘어 세계 최고에 올랐다. 자비에 베텔 총리가 2018년 7월 한국에 왔다. 나는 베텔 총리와 회담하고 총리공관에서 만찬을 함께했다. 베텔 총리의 인상적 사연을 나중에 소개한다.

○ **크로아티아:** 마리야 페이취노비치 부리치 부총리 겸 외교장관이 2018년 10월 한국을 방문했다. 그해 2월에는 젤리코 라이너 국회 부의장 겸 한-크로아티아 의원친선협회장이 서울에 왔다. 두 사람은 나를 예방했다. 재미있는 대

자비에 베텔 룩셈부르크 총리. 만찬을 위해 그를 총리공관 삼청당으로 안내했다. 좌파연립정부를 이끈 그는 "심장은 왼쪽에 있지만, 지갑은 오른쪽에 있다"고 말했다. (2018. 6. 서울)

화를 나중에 소개한다

ㅇ **인도:** 라즈 나트 싱 국방장관이 2019년 9월 한국을 찾아 나를 예방했다. 그는 국방장관이지만 그의 말에서는 문학의 향기가 풍겼다. 기원후 1세기 한반도로 배를 타고 와 가야 김수로왕과 결혼한 인도 고대국가 아유타국의 공주 허황후를 소개하는 등 한국-인도의 깊은 인연을 설명했다. 감동적 대화를 나중에 소개한다.

2.
특별한 기억의
외교 경험

거의 모든 외교 경험을 나는 기억한다. 그 가운데서도 특별히 인상적이었던 얘기를 소개한다.

어디를 가건 경제 일정

① 세일즈 외교(케냐, 탄자니아, 오만)

해외를 순방하면 나는 '세일즈 외교'에 비중을 두었다. 각국 총리와의 회담을 통해 한국 기업들이 관심 분야에 진출할 수 있도록 지원해달라고 요청했다. 현지에 진출한 한국 기업을 방문해 현황을 알아보고 돕고자 했다. 방문국과 한국의 기업인들이 참석하는 비즈니스 포럼을 열었다. 동행 기업인들과 반드시 한 끼 식사를 함께했다.

2018년 7월 19~26일 케냐, 탄자니아, 오만을 공식 방문했다. 케냐에서는 교역·투자 확대와 한국 기업의 인프라 및 에너지 분야 진출 확대를 모색했다. 한국 스타트업 기업의 케냐 진출 등에 대해서도 협의했다. 또 케냐타 대통령을 예방하고 비즈니스 포럼, 세계식량계획(WFP) 식량원조 전달식 등에 참석했다.

탄자니아에서는 마구폴리 대통령과 내가 임석한 가운데 6.23km의 국내 최장 교량 뉴 셀린더 다리를 한국 GS건설이 짓기로 계약했다. 공사비 1억 5천만 달러 가운데 9,100만 달러를 한국이 EDCF 차관으로 지원하기로 했다. 마구폴리 대통령은 탄자니아 표준궤 철도(SGR) 건설, 빅토리아호와 탕가니카호 노후선박 수리 및 신규선박 건조, 빅토리아호 교량 건설에도 한국 기업이 참여하게 해달라고 요청했다.

오만에서는 에너지 및 건설·인프라 등 전통적 협력 분야를 넘어 정보통신기술(ICT), 스마트 시티, 보건·의료, 방산 등 고부가가치 신산업 분야에서도 협력하기로 했다.

② 한국 기업 애로 해소협력(방글라데시)

2019년 7월 방문한 방글라데시에는 150여 개의 한국 기업이 진출해 있었다. 한국 섬유기업 영원무역은 한국 의류업계 최초로 1980년 방글라데시에 진출했다. 나의 방문 당시 영원무역은 41개 공장을 경영하며 6만 4천 명을 고용하고 있었다. 나는 수도 다카에 있는 공장을 찾았다. 공장은 끝이 보이지 않을 만큼 넓었고, 직원은 9,400명이나 됐다. 주로 여성이었다. 집안 형편 때문에 고등학교 진학을 포기하고 방직공장에서 일했던 내 누이동생이 떠올랐다.

총리회담에서 나는 영원무역이 항구도시 치타공에 조성한 한국 수출가공공단이 토지 소유권 문제로 방글라데시 정부와 갈등하고 있는 상황을 거론하며, 조속한 해결을 요청했다. 세이크 하시나 총리는 외교적 수단과 대화를 통해 해결해나가자고 말했다.

③ 서울대병원을 위탁경영자로 확정(쿠웨이트)

2019년 4월 나의 방문 당시 쿠웨이트와는 중동 최대 종합병원 뉴자흐라 병원 위탁경영 문제가 현안의 하나였다. 쿠웨이트는 우선협상대상자로 서울대병원을 지정해놓았었다. 그러나 쿠웨이트는 위탁경영자를 확정하지도, 예산을 늘리지도 않으면서 서울대병원에 새로운 주문을 계속 추가했다. 서울대병원은 위탁경영자로 확정짓고, 예산도 증액해주기를 원했다. 쿠웨이트 국회의 도움이 필요했다.

나는 마르주크 알 가님 국회의장을 만나 부탁했다. 쿠웨이트 상공회의소 회장인 그의 아버지를 만났던 얘기까지 꺼내며 의장의 마음을 얻고자 노력했다. 젊고 활기찬 알 가님 의장은 열린 자세로 나의 말을 들어주었다. 그런데 배석한 쿠웨이트 국회의원이 뜻밖의 말로 끼어들었다. 병원에서는 소통이 매우 중요한데 한국 의사들은 영어에 약하지 않느냐고 슬쩍 긁는 것이었다.

나는 받아쳤다. "서울대병원 의사들의 대부분은 미국에 유학했습니다. 그들에게 무기체계를 영어로 말하라고 하면 서투를지 모릅니다. 그러나 그들은 병원에서 쓰는 말은 무엇이든지 영어로 소통할 수 있습니다."

알 가님 의장도, 국회의원도 웃었다. 알 가님 의장은 나에게 "손흥민 선수를 보내주면 도와드리겠습니다." 하고 말했다. 알 가님 의장은 유럽의 축구구단을 갖고 있었다. 나는 그냥 웃었다. 그해 12월 쿠웨이트는 서울대병원을 뉴자흐라 병원 위탁경영자로 확정하고 예산도 증액했다.

④ LNG운반선 100척 수주(카타르)

2019년 7월 내가 방문했을 때 카타르는 큰 과제를 안고 있었다. 2022년 11월 월드컵을 준비해야 하고, 그에 필요한 막대한 자금을 마련해야 했다. 그러자면 LNG 수출을 늘려야 하고, LNG운반선도 더 많이 확보해야 했다. 이미 LNG는 몇 개 국가에서 생산을 늘리면서 세계시장이 판매자 주도에서 구매자 주도로 바뀌고 있었다.

한국에도 과제가 있었다. 국내 조선업의 곤경 탈출을 돕기 위해 카타르로부터 LNG운반선을 많이 수주해야 했고, 카타르 월드컵 시설 건설에 한국 기업들이 참여하도록 도와야 했다. 두 나라의 과제는 접점을 갖고 있었다.

알 카비 에너지담당 국무장관이 카타르 LNG를 한국이 계속 써달라고 나에게 요청했다. 나는 카타르 LNG가 한국의 에너지 수급 안정에 기여했다고 감사를 표하며, 가격이 합리적이라면 공급처를 유지하는 것이 에너지 수급의 안정을 위해 바람직하다고 화답했다.

나는 한국이 세계 최고기술로 만드는 LNG운반선을 카타르가 많이 써달라, 카타르 월드컵 시설의 건설에 한국 기업이 참여하도록 도와달라고 요청했다. 알 카비 장관은 한국 건설기업의 기술과 성실성을 신뢰한다며, 월드컵 시설 공사에 한국 기업이 참여하도록 협력하겠다고 말했다. 그는 LNG운반선의 한국 발주를 100척 이상으로 늘릴 수 있다고 화답했다.

내가 카타르를 다녀간 뒤에 알 카비 장관은 한국을 방문해 일을 진척시켰다. 2020년 국내 조선 3사는 카타르로부터 LNG운반선 100척 이상을 수주했고, 그 후에도 수주를 늘렸다.

카타르에는 새로운 랜드마크가 생겼다. 국립박물관이다. 세계 최고의 건축가가 디자인했다. 사막에 바람이 불면 생기는 '사막장미'를 모티브로 했다. 디자인도 어렵지만, 건축도 어려웠다. 그 건축을 현대건설이 했다. 카타르 공주가 국립박물관

관장을 맡고 있었다. 평소 외부에 나서지 않는다는 공주가 나를 직접 안내하고 설명해주었다. 대한민국의 국격이었다.

그리스에서 평창 동계올림픽 성공을 지원

2017년 10월 24일은 그리스 올림피아 시(市)에서 평창 동계올림픽 성화를 채화하는 날이었다. 나는 긴장했다. 전날 밤잠을 설쳤다. 당일 아침은 하늘이 무거웠다. 비가 오락가락했다. 나는 애가 탔다.

성화 채화는 올림픽의 시작을 세계에 알리는 행사다. 공개행사는 헤라신전과 연결된 스타디움(고대 올림픽 경기장)에서 열렸다. 그것은 올림픽 찬가 연주, 올림픽기 게양, 애국가 제창, 태극기 게양으로 시작했다. 올림피아 시장, 평창올림픽 조직위원장, 국제올림픽위원회(IOC) 위원장, 그리스 국가올림픽위원회(NOC) 위원장의 연설이 이어졌다. 파블로풀로스 대통령과 나는 대표단석 앞에 앉았다.

채화는 헤라신전에서 여사제가 태양열을 오목거울로 모으는 전통방식으로 이루어졌다. 대사제와 여사제가 성화를 들고 스타디움에 입장했다. 여사제들의 무용공연이 이어졌다. 공연이 끝나자 대사제가 성화를 첫 봉송주자에게 인계했다. 그것으로 채화행사를 마쳤다. 비가 조금 뿌렸지만, 행사를 방해할 정

토마스 바흐 IOC 위원장. 평창동계올림픽의 평화적 개최를 위해 북한의 참가를 도와달라고 그에게 부탁했다. (2017. 10. 그리스 올림피아)

평창동계올림픽의 성공을 도와달라고 자크 로게 전 IOC 위원장에게도 부탁했다. 옆은 토마스 바흐 IOC 위원장. (2017. 10. 그리스 올림피아)

도는 아니었다. 나는 가슴을 쓸어내렸다. 나는 그날 날씨처럼, 평창 동계올림픽이 곡절을 이기며 어떻게든 성공할 것이라고 예감했다.

채화 행사에 이어 그리스 NOC가 주최한 오찬에 참석했다. 나에게는 평창올림픽 성공을 도울, 몹시 중요한 외교무대였다. 나는 토마스 바흐 IOC 위원장에게 북한의 올림픽 참가를 도와달라고 부탁했다. 로렌스 프롭스트 미국 NOC 위원장에게는 도널드 트럼프 대통령, 자이칭 위 중국 NOC 부위원장에게는 시진핑 주석, 다케다 쓰네카즈 일본 NOC 위원장에게는 아베 신조 총리의 올림픽 개막식 참석을 부탁했다. 그 연설은 뒤에 소개한다.

인도네시아 아시안게임에서 남북화해

2018년 8월 18일 아시안게임 개막식에 앞서 조코 위도도 대통령의 주선으로 리룡남 북한 내각부총리와 '3자 환담'을 했다. 이어 나와 리룡남 부총리는 개막식장 본부석에 나란히 앉았다. 위도도 대통령은 아시안게임을 통해 남북관계 개선을 중재하고, 남북 선수단 공동입장과 단일팀 구성에도 협조해주었다.

개막식에서 남북단일팀이 입장할 때 나와 리룡남 부총리

는 함께 일어났다. 나는 그의 손을 잡아 높이 들었다. 리 부총리는 조심스러워했으나 이내 호응했다. 그 장면은 실시간으로 한국에 방영됐다. 그해 2월의 평창 동계올림픽과 4월과 5월의 판문점 남북정상회담 등으로 조성된 남북화해 기류가 아시안게임에도 투영됐다. 남북한이 국제체육행사에 공동입장한 것은 열한 번째, 아시안게임 공동입장은 다섯 번째, 아시안게임 남북단일팀 구성은 처음이었다.

이튿날인 19일. 나는 한국 선수촌을 찾아 선수들을 격려하고 점심을 함께했다. 단일팀을 구성한 여자농구 남북한 선수들

평화가 없으면 모든 것이 아무것도 아니다. 2018년 한반도는 평화를 꿈꾸었다. 자카르타-팔렘방 아시안게임 개막식. 남북한 단일팀 '코리아' 선수단의 입장을 북한 리룡남 부총리와 함께 환영했다. 뒤편은 도종환 문화체육관광부 장관. (2018. 8. 인도네시아 자카르타)

이 함께 식사하는 곳에 찾아가 격려했다. 그 자리에서 북한선수단장 원길우 체육성 부상(체육부 차관)과도 인사했다.

20일 나는 여자농구 남북단일팀과 인도의 경기를 원길우 단장과 함께 보았다. 남북한 선수들이 원활하게 교대하며 경기를 역동적으로 치렀다. 북한의 한 선수가 센터로 뛰었다. 민첩하고 날카로웠다. 나는 원 단장에게 그 선수를 칭찬했다. 원 단장은 "쟤는 키가 작아서……" 하며 아쉬워했다. 북한의 그 센터는 키가 작았으나 야무졌다.

나는 귀국 시간에 쫓겨 끝까지 보지 못했으나 결과는 104대 54, 남북단일팀의 50점차 대승이었다. 단일팀은 은메달로 경기를 마쳤다.

지도자와의 각별한 우정

① "한국 총리가 내 형님이다"(몽골)

나는 몽골 지도자들과 여러 차례 만났고, 각별한 우정을 이어갔다. 당시 몽골 대통령은 할트마 바툴가였다. 바툴가 대통령과는 2018년 9월 러시아 블라디보스토크에서 열린 동방경제포럼에서 처음 만났다. 두 번째 만남은 2019년 3월 나의 몽골 방문 때 이루어졌다.

바툴가 대통령은 몽골 씨름 '부흐' 선수였고, 세계선수권

대회에서 우승한 유도 국가대표 선수이기도 했다. 선수 생활을 마친 뒤에는 호텔사업과 요식업으로 성공했다. 바툴가 대통령은 운동선수답게 다부진 체격과 얼굴을, 사업가답게 부드럽지만 강인한 풍모를 가졌다. 그런데 행동은 뜻밖이었다.

블라디보스토크에서 회담한 뒤에 그는 회담장 옆의 넓은 방으로 나를 안내했다. 그 방에는 많은 그림이 표구된 채로 서 있었다. 그 가운데 하나를 골라 가져가라고 그는 나에게 말했다. 몽골 신인작가들의 그림을 사서 외국 지도자들에게 줄 선물로 가져왔다는 것이었다. 몽골의 예술과 청년을 지원하려는 그의 마음을 느꼈다. 그때 내가 받은 작품은 국가에 보관돼 있다.

울란바토르에서 나는 몽골 전통가옥 '게르'처럼 만든 대통령 집무실로 안내받았다. 그곳에서 바툴가 대통령을 만났다. 블라디보스토크 이후 6개월 만의 재회를 우리는 기뻐했다.

나의 상대 오흐나 후렐수흐 총리와는 세 차례 만났다. 첫 만남은 2018년 1월 그가 서울을 방문했을 때였다. 회담에서 그는 준비해온 목록을 읽어가며 많은 것을 지원해달라고 요구했다. 회담에서 우리는 한국이 7억 달러 규모의 대외경제협력기금(EDCF) 차관을 2019년까지 몽골에 제공한다는 기본 약정을 체결했다. 몽골은 그 7억 달러를 환경개선을 위해 쓰기를 희망했고, 우리는 그 가운데 5억 달러를 대기오염 방지에 사용하기를 바랐다. 회남 후 만찬에서 우리는 허물없이 소통했다. 국가발전전략부터 가정사까지 많은 얘기를 나누었다. 그는 나를 '형님'으로 부르겠다고 말했다.

두 번째 만남은 2019년 3월 나의 몽골 방문 때였다. 몹시 추웠다. 그는 몽골산 캐시미어로 내 몸에 맞는 코트를 미리 만들어두었다. 의장대 사열을 포함한 환영식에 나는 그 코트를 입고 참석했다. 그 코트도 국가에 보관됐다. 그는 몽골 기자들에게 나를 '형님'이라고 소개했다.

총리회담은 진지하고 구체적이었다. 한국에 대한 지원 요구가 다른 개도국들보다 더 많았다. 가능한 것은 지원하고, 어려운 것은 조정하는 식으로 정리했다. 회담 후 그는 총리실

몽골에서 의장대 사열. 옆은 우흐나 후렐수흐 총리. 몽골 기자들 앞에서 나를 '형님'이라고 소개한 그는 2021년 대통령이 됐다. (2019. 3. 몽골 울란바토르)

1층 복도로 나를 안내했다. 서민용 아파트 단지 모형을 나에게 보여주었다. 사연이 있었다.

한국이 울란바토르 대기오염 방지에 쓰이기를 바랐던 5억 달러의 EDCF 자금을 서민용 아파트 단지 건설에 돌려쓰도록 양해해달라는 것이었다. 나는 원래 목적과 다르지 않느냐고 물었다. 그는 울란바토르 주위의 산을 보았느냐고 나에게 되물었다. 그는 "산에 들어찬 낡은 집들이 땔나무로 불을 피우다 보니 그 미세먼지가 울란바토르의 하늘에 몰려듭니다."라며 그 서민들을 아파트에 살게 하고 산의 노후 가옥을 없애면 울란바토르 대기가 그만큼 맑아질 것이라고 설명했다. 그는 아파트 단지에 '솔롱고스'라는 이름을 이미 붙였다고 덧붙였다. 솔롱고스는 몽골어로 무지개이며, 한국을 뜻하기도 한다. 나는 국내에 있는 홍남기 경제부총리와 상의한 끝에 후렐수흐 총리의 요청을 받아들이기로 했다.

후렐수흐 총리는 나를 세심히 배려했다. 만찬에서는 노사연의 〈만남〉을 몽골 가수가 불렀다. 몽골 전통술 다음에 내 고향 전남 영광의 막걸리가 깜짝 등장했다. 내가 서울과 세종의 총리공관에서 손님을 모실 때면 손님(손님이 여럿이면 주빈)의 고향 막걸리를 준비한다는 것을 알고 후렐수흐 총리도 그렇게 했다는 것이었다. 나의 몽골 방문 3개월 전부터 대책회의를 열었다는 소식도 들렸다.

그는 칭기즈칸 고향의 말을 나에게 선물했다. 한쪽 배 부분에 초승달 모양으로 흰털이 박힌, 기막히게 멋진 검정말이었다. 후렐수흐는 그 말을 몽골이 관리해주겠다고 했다. 그 말은 누구도 타지 못하고 내가 몽골에 다시 오면 탈 수 있게 하겠다고 했다. 손님에게 극도의 감동을 주는 배려였다.

후레수흐 총리와의 세 번째 만남은 일본 도쿄에서였다. 2019년 10월 나루히토 일왕 즉위식에 함께 참석했고, 같은 호텔에 묵었다. 우리는 뉴오타니 호텔 로비에서 우연히 만나 형제로서 포옹했다.

후렐수흐는 2021년 6월 대통령선거에서 67.76% 득표로 압승해 임기 6년의 대통령이 됐다. 그해 11월 후렐수흐 대통령은 비서실장 소드바토르 양국이 서울을 방문한 길에 나를 만나 인사하도록 했다. 후렐수흐 대통령은 나와의 총리회담 사진을 새긴 얇은 캐시미어 스카프를 기념품으로 만들어 양국 실장 편에 보내왔다. 양국 실장은 후렐수흐 대통령이 총리 시절 나에게 선물한 칭기즈칸 고향의 말도 잘 자란다고 전했다.

② 꽃과 커피 수입 놓고 대통령과 우정의 입씨름(콜롬비아)

콜롬비아의 이반 두케 대통령은 젊고 매력적이었다. 두케 대통령은 회담에 앞서 환담하는 자리에서 나에게 콜롬비아 농산물을 더 많이 수입해달라고 말했다. 나는 무슨 농산물을 더 많이 사드렸으면 좋겠느냐고 물었다. 두케 대통령은 "꽃과 커피"라고 답했다.

나는 웃으며 대답했다. "대통령님, 무역 담당 부처의 월별 국가별 수출통계를 보시면, 흥미로운 사실이 발견될 것입니다. 해마다 4월이면 한국으로 카네이션과 장미가 많이 수출될 것입니다. 이유가 있습니다. 한국에서 5월 8일은 어버이날입니다. 어버이날에 한국인들은 부모님께 감사의 표시로 카네이션이나 장미를 드립니다. 한국과 가까운 나라에서도 꽃이 많이 생산됩니다. 그런 꽃이 쌉니다. 그러나 한국인들은 비싸더라도 제일 좋은 것을 부모님께 드리고 싶어 합니다. 콜롬비아 꽃은 비쌉니다. 그러나 품질이 좋습니다. 그래서 적잖은 한국인들이 콜롬비아 카네이션이나 장미를 부모님께 드리곤 합니다."

나는 이어 말했다. "한국 대통령의 성씨가 '문'입니다. 문 대통령은 커피를 몹시 좋아하십니다. 그런데 한 가지 커피를 마시지 않고, 몇 가지 커피를 섞어 마십니다. 그것을 한국에서는 '문 블렌딩'이라고 부릅니다. 문 블렌딩은 인터넷에도 오를 만큼 유명합니다. 문 블렌딩은 이렇습니다. 콜롬비아 4, 브라질 3, 에티오피아 2, 과테말라 1의 비율입니다. 혹시 두케 대통령님은 이 비율이 서운하십니까?"

두케 대통령은 크게 웃으며 "서운합니다." 하고 답했다. 나는 "그럼 어떻게 해드릴까요?" 하고 물었다. 두케 대통령은 내 물음에 대한 대답을 나중에 호텔로 보내주겠다고 했다. 그날 저녁 내 숙소에 두케 대통령이 보낸 커피 상자가 도착해 있었다. 온통 콜롬비아 커피로만 가득 채운 나무상자였다.

2021년 8월 두케 대통령이 한국을 방문했다. 나는 정부를 떠나 국회로 돌아가 있었다. 두케 대통령은 나를 만나고자 했으나 일정이 서로 맞지 않았다. 두케 대통령은 나에게 의원회관 사무실로 선물을 보냈다. 커피콩 모양의 나무상자에 여러 가지 콜롬비아 커피를 가득 담은 선물이었다. 나는 서울 인사동 가게에 미리 주문해 만든 상아 도장을 두케 대통령에게 선물했다. 그 도장에는 한글로 '이반 두케'라고 새겼다.

일왕 즉위식, 정부는 차가왔고, 국민은 따뜻했다

나는 2019년 10월 일본을 방문했다. 나루히토 일왕 즉위식에 참석하는 것이 주된 임무였다. 그러나 한국과 일본의 언론은 한일현안이 타결될지, 아니면 완화라도 될지를 더 주목했다. 당시 한일관계는 강제징용 피해에 대한 한국 대법원의 판결에 일본이 반발하면서 얼어붙어 있었다.

그 1년 전인 2018년 10월 30일 한국 대법원은 강제징용 피해자들에게 일본 기업이 1인당 1억 원씩 배상하라고 판결했다. 일본은 1965년 한일 수교 때 양국이 체결한 청구권협정으로 모든 배상이 끝났다고 주장했다. 그러나 대법원은 청구권협정은 국가 간의 정치적 협정이며 개인의 청구권에는 영향을 주지 않는다고 해석했다. 문재인 정부는 3권분립과 피해자 중심주의에 따라 대법원의 판단을 존중했다.

나는 일본을 잘 아는 정치인으로 한일 양국에서 손꼽히고 있었다. 나의 방일에 기대와 비관이 교차했다. 그러나 현안은 바위처럼 꿈쩍도 하지 않은 채 1년을 끌고 있었다. 내가 일본에 간다고 해도 해결될 여지는 거의 없었다. 국가 사이에 어려운 현안이 가로놓였을 때 무엇이 최선이고, 무엇이 차선일까를 골똘히 생각했다. 말할 것도 없이 현안 타결이 최선이다. 그것이 안 되면 타결을 향하는 정치적 메시지를 함께 내는 것이 차선이다. 그것도 안 되면 양측에 뭔가 희망을 주는 메시지를 내야 한다. 그것도 안 되면 분위기라도 조성해야 한다. 그렇게 나는 생각했다.

나는 먼저 일본 사회의 분위기를 좋게 잡아놓으려고 노력했다. 출국하기 전에 나는 서울에서 일본 언론과 인터뷰했다. 일본 권위지 《아사히신문》, 일본 전국의 언론과 협력 네트워크를 가진 교도통신을 선택했다. 나는 현안과 역사에 대한 나의 생각을 말하면서 동시에 나의 도쿄특파원 시절 얘기 등 일본과의 개인적 인연을 전했다.

22일 공군 1호기로 하네다 공항에 도착했다. 바깥은 비바람이 거셌다. 비행기 문이 열리자마자 나는 우산을 펼쳐 들었다. 우산이 뒤집혔다. 우산이 날아가려 했지만, 나는 온 힘을 다해 우산을 끝까지 붙잡았다. 그 사진이 한일 양국에 많이 보도됐다. 나의 일본 방문을 예고하는 것처럼 보도한 매체도 있었다.

분위기 조성을 위한 나의 노력은 일본 도착 이후에도 계속됐다. 일본 도착 직후 나는 고 이수현 의인 추모비를 찾아 헌화했다. 그것으로 나의 일본 일정을 시작했다. 한국인 청년 이수현 씨는 2001년 신오쿠보역 선로에 추락한 일본인을 구하려고 일본인 세키네 시로 씨와 함께 선로에 뛰어들어 목숨을 잃었다. 일본인들도 이수현 의인을 기렸다. 다음 일정은 신오쿠보 한인상가 방문이었다. 나의 방문 시간에 맞추어 신오쿠보에는 교민과 일본인들이 큰길 양편 수십 미터를 가득 메웠다. 내가 들렀던 한인 핫도그 가게 앞에도 일본인 청년들이 끝이 보이지 않을 만큼 줄을 지어 기다렸다.

그날 오후 나루히토 일왕 즉위식과 궁정연회에 참석했다. 나는 서울에서 빌려온 연미복을 입었다. 나루히토 일왕은 왕세자 시절인 2018년 3월 브라질리아 물포럼에서 내가 만난 일이 있었다. 나는 일왕에게 물포럼에서 만난 일을 소개하며 즉위를 축하하고 "레이와(令和)의 새로운 시대에 일본 국민이 행복해지기를 기원합니다." 하고 인사했다.

일본 사회의 분위기를 잡으려는 나의 일정은 계속됐다. 일왕 즉위식 이후에도 나는 한일관계를 공부하는 게이오대학 학생들을 만나 즉석문답 시간을 가졌다. 참석자 20여 명에게 내명함을 주고 대화에 들어갔다. 학생들은 휴대전화 번호가 찍힌 내 명함과 시나리오 없는 즉석문답을 좋아했다. 일본 정치인에게는 드문 일이기 때문이었을 것이다. 한국문화원에서 한국어를 배우는 일본인들도 만났다. 최대한 친숙하게 그들을 대했다. 2020 도쿄올림픽 조직위원장 모리 요시로 전 총리, 야당 대표들과도 만났다. 일한의원연맹 회장과 운영위원장을 만나서는 한일현안의 해결책을 함께 모색했다. 그러나 일본 내각에서 거절됐다. 우리 교민 대표들과는 점심을 함께했다.

나카니시 히로아키 경단련 회장 등 일본 경제단체 지도자들과 유머를 섞어가며 허심탄회하게 점심을 함께했다. 점심 후에는 선친에 이어 2대째 한국에 나무 씨앗을 보내준 쓰치야 시나코 중의원의원을 초청해 감사의 대화를 나누었다. 그의 선친 고 쓰치야 요시히코 참의원의장은 한일수교 이듬해(1966년)

나루히토 일왕 즉위식에서 인사했다. 나루히토 일왕이 왕세자였던 시절에 브라질리아 세계 물포럼에서 만나 대화한 적도 있었다. 그때 그는 일본의 다수 정치인들과는 다른 역사인식을 내보였다. (2019. 10. 일본 도쿄)

한국에 삼나무 씨앗을, 차녀 시나코 의원은 한일수교 50주년 (2015년)에 내가 지사로 일한 전남에 편백나무 씨앗을 보냈다.

아베 총리와는 리셉션, 만찬, 그리고 회담에서 만났다. 일본 측은 일왕 즉위 축하가 핵심이라며 회담을 하지 않으려 했다. 조정 과정에서 '면담 10분'이라는 회답을 받기도 했으나, 결국 20분 조금 넘는 확대회담이 됐다.

총리관저에서 있었던 회담에서 양측은 "두 총리는 한일 양국이 중요한 이웃 국가로서 한일관계의 어려운 상태를 이대로 방치할 수 없다는 데 인식을 같이했다."라고 발표하기로 합의했다. 두 총리는 각각 자국의 입장을 반복했다. 다만 외교당국 간 대화를 계속하자는 데는 합의했다. 회담 결과의 발표에서도 양국은 차이를 드러냈다. 한국 측은 양측의 발언을 함께 발표했으나, 일본 측 발표문은 일본 측 발언만 전달했다.

브라질리아 물포럼 리셉션에서 만났던 나루히토 당시 왕세자는 나에게 "역사를 공부하는 자(모노)로서 과거를 반성하는 바탕 위에서 좋은 관계가 구축되기를 바랍니다."라고 말했다. 한국에 대한 아키히토(明仁) 선왕의 각별한 생각도 전해주었다. 자신이 한국 음식으로 비빔밥과 황태를 좋아한다고도 소개했다. 그런 새 일왕의 즉위에 즈음해 내가 만난 일본은 복잡했다. 국민은 따뜻했으나, 정부는 차가웠다.

한중 총리회담, "각자 할 건 각자, 함께할 건 함께"로 타개

2019년 3월 27일 하이난다오 보아오 포럼장에서 한중 총리회담을 열었다. 3년 만의 한중 총리회담이었다. 문재인 정부들어서는 처음이었다. 국내에서는 미세먼지 저감이 당장 급한 현안이었다. 한국은 중국발 미세먼지의 저감을 원했다. 중국은 자국 내 미세먼지 저감 노력이 성과를 내고 있다는 입장이었다. 한국 내 미세먼지의 출처에 대한 통계도 한중 간에 차이가 있었다. 만만찮은 난제였다.

한중 총리회담은 미리 준비된 의제별로 양국 총리가 번갈아 발언하는 식으로 진행됐다. 각 의제별로 두 총리가 한 번씩 발언하면 다음 의제로 넘어갔다. 의제순서는 양국관계 일반, 경제교류, 인적교류, 환경협력, 한반도 정세 등으로 짜였다.

문제는 환경협력에서 나왔다. 발언 순서는 내가 먼저였다. 나는 한국과 중국의 미세먼지 저감 노력을 먼저 평가했다. 그럼에도 불구하고 한국은 미세먼지로 고통을 겪고 있다며, 중국의 협력을 요구했다. 리커창 총리는 중국의 노력과 개선 성과를 강조했다. 그는 한국도 노력하라는 취지로 발언하며 약간 역정을 냈다.

한 의제에 한 번씩 발언하고 다음 의제로 넘어간 전례를 깨고 내가 다시 발언했다. 나는 사례를 들어가며 중국의 노력과 성과를 좀 더 구체적으로 평가했다. 그러면서 나는 말했다.

"우리에게는 각자 할 일이 있고, 함께할 일도 있습니다. 제가 드리는 말씀은 한중 양국이 각자 할 것은 각자 하고, 함께할 것은 함께하자는 것입니다."

리커창 총리는 금방 누그러졌다. 그는 한중 양국이 환경에 관한 협력을 강화하자고 말했다. 그는 양국이 환경문제에 관한 서로의 경험을 공유하기를 희망한다고 말했다. 그러면서 환경 관련 R&D, 친환경제품 생산 및 무역과 투자에서 협력 전망이 밝다고 덧붙였다. 나와 리커창 총리는 미세먼지 등 환경오염이 양국 모두의 시급한 국가과제로서 공동 대응이 필요하다는 데 공감하고 양국 간 환경 협력을 강화해나가기로 합의했다. 우리는 그 합의를 환경장관 회담 등을 통해 이행하기로 했다.

국내 언론은 "한중, 환경협력 강화" 등의 제목으로 한중 총리회담을 긍정적으로 보도했다. (2020년 1월 내가 총리에서 물러난 몇 주일 뒤에 리커창 총리는 비공식 특사를 서울의 나에게 보내 총리 재임 중의 노고와 협력에 감사를 표했다. 리커창 총리는 나에게 언제든지 중국에 오라고 초청했다. 그는 내가 현역이 아니므로 회담은 못 해도 만찬은 꼭 하겠다고 나에게 전했다.)

감사와 존중의 마음을 정성 들여 전하며

① 소록도 수녀님 두 분을 어머니 그리워하듯(오스트리아)

2018년 5월 오스트리아 방문에서 나는 판 데어 벨렌 대통령을 예방했다. 나는 대통령에게 한국과 오스트리아의 인연을 설명했다. 이승만 초대 대통령의 영부인 프란체스카 여사와 고흥 소록도 한센인들을 40여 년이나 돌본 마리안느, 마가렛 간호사 얘기였다. 대통령은 그것을 알고 있었다. 일부러 준비해 두었는지, 집무실 테이블 작은 책꽂이에서 마리안느와 마가렛에 관한 책을 꺼내 나에게 보여주었다.

나는 마리안느와 마가렛이 맨손으로 한센인들의 맨몸에 약을 발라주고, 한센인들과 같은 그릇의 국을 함께 떠먹었던 일화를 대통령에게 들려주었다. 나는 "지금도 소록도 한센인들은 어머니를 그리워하듯이 마리안느와 마가렛을 그리워합니다."라며 마리안느와 마가렛이 노벨평화상을 받도록 도와달라고 요청했다. 대통령은 감사를 표시했다.

② 한국전 참전용사와 성직자들의 헌신(아일랜드)

2018년 5월 아일랜드에서 나는 한국전 참전용사와 성골롬반 외방선교회 성직자들을 초청해 간담회를 열었다. 나는 그들의 헌신으로 오늘의 한국이 있게 됐다며 감사를 표했다. 성직자들은 목포와 제주 등지에서 봉사하고 선교하신 분들이었다. 고령으로 은퇴하신 성직자들은 아주 낡은 옷을 입고 머리도 헝클어져 있었다. 그러나 표정은 평화롭고 따뜻했다. 그 모습이 오래도록 내 기억에 살아 있다.

그 자리에서 한 성직자는 아일랜드 대기근 때 영국이 도와

주지 않고 계속 수탈했던 일이 이일랜드 국민의 마음에 상처로 남았다고 전했다. 그는 "한국도 북한 사람들의 배고픔을 외면하면 안 됩니다." 하고 말했다.

③ 내가 태어난 날 부산항에 도착해 6·25에 참전한 노병(영국)

2018년 5월 내가 경유했던 영국에서는 두 가지의 감동적인 일이 있었다. 하나는 한국전 참전기념비 헌화에서였다. 6·25 참전국에 가면 늘 하는 일이지만, 그때는 조금 달랐다. 2014년 기념비 건립을 도우셨던 한국계 영국귀족 로더미어 자작부인(한국명 이정선)이 함께 참석했다.

부인은 일본 오사카에서 재일동포 2세로 태어났다. 영국 일간신문 《데일리 메일》과 일요신문 《메일 온 선데이》 등을 발간하는 어소시에이티드 뉴스페이퍼스 소유주 로더미어 자작과 결혼했다. 남편이 먼저 세상을 떠난 뒤 부인은 전남 함평의 불우 어린이 시설 시온원, 고흥의 한센인 시설 소록도병원을 후원했다. 나는 한국에 공헌해온 부인에게 정중히 감사를 표했다.

또 하나의 감동은 6·25 한국전 참전용사 및 가족과의 간담회에서 있었다. 참전용사 회장 브라이언 패릿 예비역 육군 준장 등 10여 명의 참전용사와 가족이 참석했다. 나는 참전용사 전원의 성함을 풀네임으로 외워두었다가 일일이 불러주었다. 그분들은 놀라워했다.

그 자리에서 패릿 준장이 뜻밖의 이야기를 꺼냈다. 당신이 한국전에 참전하기 위해 부산항에 도착한 날에 내가 태어났다는 것이었다. 1952년 12월 20일. 내 기록의 생년월일을 보고 그것을 발견했다는 것이었다. 귀한 인연이었다. 그 후에 패릿 준장은 세계의 한국전 참전용사회장이 됐고, 2019년 서울의 6·25 기념식에 참석했다. 나는 6·25 기념사에서 패릿 준장과의 인연을 즉석연설로 소개했다.

3.
유머와 감동의
주요 연설

○ **브라질(2018. 3.)**

상파울루에는 지구 남반부 최대의 한인타운이 조성됐다. 봉헤찌로 상가에는 2,000여 개 한국 옷가게가 들어섰다. 교민들은 나의 방문에 맞춰 상징물 '우리(Uri)'의 기공식을 열었다. 그 자리에는 나이 많은 한인 여성들이 많이 참석했다.

"여러분, 고생이 얼마나 많으셨습니까. 여러분이 말씀하지 않으셔도 잘 압니다. 제 어머니의 일생을 제가 아는 만큼은 아니지만, 여러분의 일생을 제가 짐작합니다. 여러분의 조국, 여러분의 친정 나라 대한민국도 고생 많이 했습니다. 그러나 이제는 달라졌습니다. 대한민국도 이제 살 만큼 삽니다. 여러분도 성공하셨습니다. 친정이 잘살면 딸도 시집에서 어깨가 펴지는 법입니다. 대한민국이 그런 친정이 되도록 노력하겠습니다. 반대로 딸이 잘살면 친정도 마음이 편해집니다. 여러분이 그런 딸이 돼주십시오."

○ 스페인(2018. 3.)

도미니카공화국과 브라질로 가는 길에 스페인에 경유해 교민들과 만났다. 교민들은 스페인의 중요성과 잠재력을 강조하며, 한국이 스페인과 더 잘 지내야 한다고 주문했다. 그에 앞서 내가 연설했다.

"외교의 기본은 두 가지라고 생각합니다. 국가를 위해, 그리고 해외에 계시거나 여행하시는 국민을 위해 그 두 가지를 꼭 하겠습니다. 첫째는 대한민국을 자랑스러운 나라로 만들겠습니다. 해외에서 우리 국민들이 어깨를 펴실 수 있도록 하겠습니다. 둘째는 세계 여러 나라와 잘 지내겠습니다. 국민들이 해외에서 살거나 활동하시기 편하게 하겠습니다. 누가 어디서 왔느냐고 물으면 '코리아'라고 당당하게 대답하시도록 해드리겠습니다."

○ 케냐(2018. 7.)

케냐 방문 기간에 수도 나이로비에 있는 세계식량계획(WFP) 식량창고에서 한국 쌀 5만 톤 전달식을 열었다. 그날 한국은 처음으로 해외에 식량을 공식 원조했다. 나는 배고픈 해외난민을 돕고 국내의 쌀 과잉생산 문제도 완화하기 위해 식량 원조협약(FAC) 가입을 추진해 2018년 1월 국무회의에서 의결했다. 전달식 연설의 일부다.

"오늘 한국 정부가 제공하는 쌀은 결코 충분하지 못합니다. 그래도 난민들의 배고픔을 조금이나마 덜어드리기를 바랍니다. […] 한국 국민은 누구보다도 배고픔을 잘 압니다. 대다수의 한국인은 수천 년 동안 줄곧 배가 고팠습니다. 20세기 들어서도 한국은 오랜 기간 WFP 등 국제사회의 식량 원조를 받았습니다. 제 몸의 일부도 원조받은 식량으로 이루어졌습니다. 한국은 1950년부터 3년이나 계속된 내전의 잿더미에서 일어나 반세기 만에 식량 자급과 경제발전을 이루었습니다. 한국은 원조를 받는 나라에서 원조를 주는 나라로 변모했습니다. […] 한국이 개도국을 돕고 배고픈 난민을 지원하는 것은 당연하고도 영광스러운 책임입니다. 한국 정부는 올해 1월 FAC에 가입했습니다."

○ **탄자니아(2018. 7.)**

탄자니아 동부 키바하에 한국 KT의 지원으로 전자주민등록 데이터센터를 열었다. 하얀 가운을 입고 자랑스럽게 일하는 직원들도 서울에서 연수를 받았다. 나는 개소식에 함께 참석한 알파시드 루골라 내무부장관에게 의미를 설명했다.

"한국에서는 북한의 여러 침투에 대비하기 위해 1968년에 주민등록증을 도입했습니다. 그것을 끊임없이 발전시켜 전자주민증을 쓰게 됐고, 그것이 세계에서 손꼽히는 대한민국 전자정부의 기초가 됐습니다. 그렇게 발전시킨 전자주민증을 탄자니아에 드리는 것입니다. 전자주민증은 안보, 병역, 치안, 조세, 교육, 의료, 복지, 선거관리 등의 발전에 획기적으로 기여할 것입니다."

○ 러시아(2018. 9.)

동방경제포럼에 참석하려고 블라디보스토크에 갔을 때의 일정 가운데 비즈니스 포럼이 있었다. 대부분의 해외 방문일정에 포함되는 행사다. 방문국과 한국의 기업인들이 함께 참석해 사업을 협의하는 자리다. 나는 즉석 농담으로 연설을 시작했다. 좌중은 박장대소로 화답했다.

"올여름 러시아 월드컵의 성공적 개최를 축하드립니다. 러시아가 역사상 처음으로 월드컵 8강에 오른 것도 축하드립니다. 그러나 미안하지만, 세계의 축구팬들은 러시아의 8강 달성보다 한국이 독일을 이긴 것을 더 기억할 것입니다. 한국이 디펜딩 챔피언 독일을 2대 0으로 이겼습니다. 그것은 기적이었습니다. 그 기적은 엉뚱한 데서 시작됐습니다. 한국이 러시아를 만나지 않은 데서 기적이 시작됐습니다."

○ 크로아티아(2018. 10.)

서울에서 나를 예방한 페이취노비치 부리치 부총리에게 이렇게 말했다. 나는 한국과 크로아티아의 역사적·지리적 공통점을 들어 우정의 마음을 전하고 싶었다.

"우리 두 나라는 화약고에 있습니다. 크로아티아는 유럽의 화약고 발칸반도에, 한국은 아시아의 화약고 한반도에 있습니다. 두 나라 모두 고초를 겪고 전쟁을 치르며 여기까지 왔습니다. 이제는 두 나라 모두 화약고를 '평화의 발신지'로 만들고자 노력하고 있습니다. 한국에서 크로아티아는 지리적으로 멀지만, 역사적으로 가깝습니다. 흔히 한국을 무역강국으로 알지만, 한국이 만성적 적자에 허덕이는 분야도 있습니다. 교육과 관광입니다. 지난해 한국인 45만 명이 크로아티아를 여행했습니다. 〈꽃보다 할배〉라는 TV 여행 프로그램의 영향도 있었습니다. 그것이 관광적자 증가에 영향을 주었습니다. 그래도 저는 한국인이 크로아티아를 찾고 크로아티아 국민과 만나는 것을 늘 환영합니다. 다만 하나의 예외가 있습니다. 월드컵에서는 만나지 말기를 바랍니다. 크로아티아는 축구를 너무 잘합니다."

○ 알제리(2018. 12.)

나는 독립기념관 방명록에 이런 글을 남겼다. 알제리는 124년 동안 프랑스의 식민지배를 받았고, 8년 동안 프랑스와 유혈전쟁을 치른 끝에 1962년 독립했다. 독립기념관은 식민지배와 유혈전쟁의 참상을 생생히 드러냈다.

"저의 충격과 감동을 글로 표현하기 어렵습니다. 긴 세월, 외세의 잔인한 살육과 가혹한 착취에도 무릎 꿇지 않고, 불굴의 투지로 끝내 독립을 쟁취하신 알제리 국민과 지도자들께 최대한의 경의를 표합니다. 대한민국은 역사의 고통과 긍지를 알제리와 공유하고 있습니다. 동반자 국가 알제리의 무궁한 영광을 기원합니다."

○ **에콰도르(2019. 5.)**

엘후리 그룹의 현대자동차 생산공장 준공식이 나의 방문에 맞추어 열렸다. 준비된 축사 원고가 있었다. 나는 행사장으로 가는 도중에 자동차 안에서 급히 축사를 보완했다.

"우리는 사과 속에 씨앗이 몇 개 들어 있는지를 압니다. 그러나 우리는 그 씨앗 속에 사과가 몇 개 들어 있는지는 모릅니다. 우리는 1976년 에콰도르가 세계에서 처음으로 현대자동차 포니 여섯 대를 수입해주었다는 것을 압니다. 그러나 우리는 그 여섯 대가 얼마나 커질지는 몰랐습니다. 그것이 커져서 이제까지 에콰도르에서 생산된 현대차와 기아차가 23만 4천 대에 이릅니다. 그런 바탕 위에서 오늘 엘후리 그룹은 '그랜드 아이텐' 생산을 연간 4천 대로 출발하려 합니다. 이것 또한 앞으로 얼마나 커질지 오늘 우리는 알지 못합니다."

"어려울 때 친구가 진정한 친구입니다. 에콰도르와 한국이 바로 그런 친구입니다. 1950년 한국전쟁이 발발했을 때 에콰도르는 안보리 비상임이사국이었지만 안보리의 유엔군 한국 파병 결정에 기여했습니다. 그 전쟁이 계속되던 1951년 에콰도르는 지진을 겪었지만, 5백 톤의 쌀과 의약품을 한국에 보내주셨습니다. 그 쌀은 한국인의 배고픔을 달래주었고, 그 의약품은 한국인을 질병으로부터 구해주었습니다. 지금부터 몇 년 전 에콰도르에 지진이 생겼을 때, 한국은 적지만 인도적 지원을 해드렸습니다. 그리고 지금 에콰도르가 베네수엘라로부터의 이주민을 받아들이는 사업을 한국도 돕고 있습니다."

1976년 현대차 포니를 구입한 여섯 사람 중 한 분의 아들이 내가 방문했을 때의 부통령 오토 손넨올스네르였다. 그도 어머니가 현대 포니를 샀다는 것을 알고 있었다.

○ 미국(2019. 5.)

2019년 5월 루이지애나주 레이크찰스에 롯데케미칼이 ECC-EG 공장을 준공했다. 준공식에서 한국계 백악관 보좌관이 대신 읽은 트럼프 대통령의 축하 메시지를 나는 전날 밤 12시에 받아볼 수 있었다. 숙소로 머물던 휴스턴의 호텔에서 나는 트럼프의 메시지를 읽고 밤잠을 미루며 나의 축사 원고를 완전히 다시 썼다. 트럼프 대통령의 메시지에 화답하고 싶었다. 준공식에서 내 연설이 끝나자 참석자 700여 명이 일제히 일어나 박수를 보내주었다.

"도널드 트럼프 대통령은 롯데케미칼 공장의 준공이 한미동맹의 굳건함을 보여주는 증거라고 말했습니다. 한미동맹은 1950년부터 3년 동안 계속된 한국전쟁에 미국이 참전해 대한민국을 지원한 뒤에 탄생했습니다. 한국전쟁 직후 대한민국은 1인당 국민소득 60달러를 겨우 넘기는 세계 최빈국의 하나였습니다. 그런 대한민국이 이제 1인당 국민소득 3만 달러를 넘은 세계 10위권의 경제강국으로 성장했습니다. 미국의 지원을 받던 한국이 이제 미국에 투자하게 됐습니다. 트럼프 대통령은 롯데의 투자가 한국의 승리이며 미국의 승리라고 말했습니다. 저는 대한민국의 성취가 미국의 성취라고 말씀드립니다. 한국의 성장은 한미동맹의 토대 위에서 한국이 민주주의와 시장경제를 수용하고 발전시킨 결과입니다. 한국의 발전은 한국뿐만 아니라 미국에게도 자랑스러운, 위대한 성취입니다."

○ 카타르(2019. 7.)

카타르에도 많은 한국 청년들이 진출해 일하고 있었다. 건설사, 병원, 항공사, 학교, 변호사 등 다양한 분야에서 일하며 생활하고 있었다. 어떤 여성은 평창 동계올림픽 조직위원회에서 얻은 경험을 살려 카타르 월드컵 조직위원회에서 일하고 있었다. 나는 청년들에게 말했다.

"배가 가장 안정될 때는 항구에 정박해 있을 때입니다. 그러나 배는 정박하기 위해 만드는 것이 아닙니다. 배는 항해하기 위해 만듭니다. 파도에 출렁이고 바람에 시달리더라도 배는 항해해야 합니다. 인생도 마찬가지라고 생각합니다. 청춘은 더욱 그렇습니다. 길을 떠나야 합니다. 여러분의 도전이 아름답습니다."

○ 인도(2019. 9.)

라즈 나트 싱 국방장관이 2019년 9월 한국을 찾아 나를 예방했다. 그는 인도 전통복장을 입고 언사도 대단히 문학적이었다. 국방장관 같지 않았다. 나는 그에게 이렇게 말했다.

"고대 한국 가야의 한 왕비가 인도 야유타에서 온 허황후였습니다. 그 피가 지금도 한국인 어딘가에 흐르고 있습니다. 인도 승려 마라난타는 384년 한국 백제에 불교를 전해주었습니다. 마라난타 승려가 맨 처음 도착한 곳에서 먼 훗날 제가 태어났습니다. 일제 강점기에 인도 시인 타고르는 한국을 '동방의 등불'이라고 칭송했습니다. 타고르는 암흑기의 한국인들에게 큰 희망을 주었습니다. 1997년 돌아가신 인도의 성자 테레사 수녀는 인류에게 사랑과 헌신의 마음을 심어주셨습니다. 수녀님의 별세 소식을 전달한 한 신문의 외신 책임자로 제가 일했습니다."

싱 장관이 화답했다. "지금 한국은 '동방의 등불'입니다."

○ 그리스(2017. 10.)

평창 동계올림픽 성화를 채화하기 위해 그리스 올림피아에 갔을 때, 그리스 올림픽위원회가 주최한 오찬에 참석했다. 국제올림픽위원회(IOC) 토마스 바흐 위원장과 각국의 국가올림픽위원회(NOC) 위원장이 참석했다. 한국으로서는 북한의 참가로 평창올림픽을 평화적으로 여는 것이 당장의 숙제였다. 나는 이렇게 연설했다.

"저는 1988년 서울 하계올림픽을 앞두고 후안 안토니오 사마란치 IOC 위원장을 만났습니다. 저는 1985년 대한민국의 기자로서 스위스 로잔 IOC 본부를 찾아 사마란치 위원장과 인터뷰했습니다. 그때 저는 북한과 소련 등 동유럽 국가들이 서울올림픽에 참가하도록 도와달라고 사마란치 위원장께 말씀드렸습니다. 사마란치 위원장은 그들 국가의 올림픽 참가를 본인도 원하며, 동유럽 국가들은 올림픽 선수들을 훈련시키고 있다고 전해주셨습니다. 그 말씀은 한국에서 큰 뉴스가 됐습니다."

"오늘 저는 대한민국의 총리로서 올림픽 발상지 그리스에서 토마스 바흐 IOC 위원장과 각국의 NOC 위원장들을 뵙고 있습니다. 서울올림픽을 앞두고 제가 사마란치 위원장께 그랬던 것처럼, 오늘 저는 바흐 위원장과 여러분께 북한이 평창 동계올림픽에 참가하도록 도와달라고 요청드립니다."

○ **룩셈부르크(2018. 7.)**

자비에 베텔 총리가 한국을 방문해 나와 회담했다. 베텔은 말이 유려했고, 표정은 쾌활했다. 그는 좌파연합정부 총리였다. 그러나 그는 기업과 투자에 관해 많은 시간을 할애해 말했다.

그의 관심은 만찬에서도 기업과 투자였다. 나는 그 점을 지적하며 "총리의 정책노선은 도대체 무엇입니까?" 하고 물었다. 그는 이렇게 대답했다. "심장은 왼쪽에 있지만, 지갑은 오른쪽에 있습니다."

4.
외교를 위한
다섯 가지 제언

경험은 추억만 남기는 것이 아니다. 경험은 교훈을 남긴다. 그것은 이론보다 더 강한 생명력을 갖는다. 나의 외교 경험은 대체로 개도국 중심이었다. 여기에 남기는 제언도 주로 개도국 외교를 위한 것이다. 물론 모든 외교에 통하는 제언도 포함된다.

우리가 잘하는 일로 기여하자

유엔무역개발회의(UNCTAD)는 2021년 7월 2일 대한민국을 신진국에 포함시켰다. 세68차 무역개발이사회가 한국을 기존의 그룹A(아시아, 아프리카 등의 개도국)에서 그룹B(선진국)로 변경하도록 만장일치로 가결했다. 그룹A에서 그룹B로 이동한 나라는 1964년 UNCTAD 설립 이래 대한민국이 유일했다.

아시아판 다보스 포럼으로 불리는 중국의 보아오 포럼은 아시아 국가들의 2018년 경쟁력 평가에서 한국을 1위, 대만을 2위, 싱가포르를 3위로 2019년 3월 발표했다. 한국은 세계의 주목을 점점 더 많이 받게 됐다.

우리의 대외 지원은 점차 늘고 있다. 그러나 아직은 국제적 기대와 약속에 미치지 못한다. 더구나 중국이나 일본에 비하면 지원액이 훨씬 적다. 적은 지원이지만, 수원국(지원받는 나라)

기자들 앞에서는 늘 긴장된다. 일제강점기 강제동원 피해자 배상 문제로 한일관계가 경색됐던 2019년 일본 방문길에 기자들의 질문에 답변했다. (2019. 10. 대통령 전용기 내)

이나 그 국민에게 더 큰 감동을 주는 방법은 무엇일까를 고민해야 한다. 지원의 효과를 연구해야 한다. 효과란 무엇일까. 그것부터 연구 대상이다.

2019년 7월 내가 타지키스탄에서 전기공급이 원활하지 않은 산골 마을을 찾았을 때 현지 주민들이 나를 기다려 맞았다. 현대문명의 세례를 받지 못한 주민들의 투박하고 순수한 모습에서 나는 옛 고향의 어른들을 떠올렸다. KOICA 직원들은 열성적으로 일했다. 나는 노파심이 생겼다. 저 순박한 주민들에게 조금이라도 상처를 주는 일이 없기를 나는 바랐다. 나는 '원조'나 '지원'보다 '협력'이나 '공유'라고 말하는 것이 좋

한국의 농업기술 지원은 개도국 농민들에게 큰 도움을 준다. 농촌진흥청의 해외농업기술개발사업(KOPIA) 현장에서 주민들의 뜨거운 환영을 받았다. (2018. 7. 케냐 나이로비)

겠다고 KOICA 직원들에게 전했다.

외교에는 반드시 상대가 있다. 일방적일 수 없다. 더구나 한국은 이미 개도국이 아니라 선진국이다. 선진국은 영광만 누리는 것이 아니다. 선진국은 선진국의 의무를 진다. 많은 개도국들이 한국의 지원을 기대한다. 미국 같은 대국에서도 한국에 대한 요구가 늘어난다. 외국의 지원을 받으며 발전한 한국이 이제 다른 외국을 돕는 것은 당연하면서도 영광스러운 책임이다. 조정할 것은 조정해야 하지만, 기여할 것은 기여해야 한다.

'자랑스러운 조국' 외교를 하자

브라질 상파울루에는 5만여 명의 동포가 사는 지구 남반부 최대의 한인타운이 있다. 교민들은 봉헤찌로에 2천여 개의 의류매장을 운영하며 그곳을 남반구 최대의 시장, 지구 최대의 의류 전문 시장으로 만들었다. 1960년대에 100명으로 시작한 브라질 한인사회가 그만큼 성장했다.

2018년 3월 나는 이민 1세대의 땀과 눈물의 세월을 상상하며 의류시장을 돌아보았다. 앞서 말했듯 한인들은 봉헤찌로 한인타운 입구에 '우리(Uri)'라는 조형물을 설치하기로 했다. 기공식에는 수백 명의 교민들이 나와주었다. 나는 이민 1세대의 노고를 치하하고, 평창 동계올림픽 성공과 한반도의 평화 분위기를 설명하며 말을 이었다. 많은 박수가 터져 나왔다. "친정이 잘살면 시집간 딸의 어깨가 올라갑니다. 그런 친정이 되겠습니다."

키르기스스탄에는 고려인들이 살고 있다. 2019년 7월 키르기스스탄에서 나는 독립유공자 허위 선생(경북 구미)의 일부 후손 등 대표자들을 점심에 초청해 감사를 표시했다. 중국 충칭을 방문했을 때 나는 광복군 총사령부 청사복원 기념식에 참석하고 청사를 둘러보았다. 김구 주석 등 지도자들의 고초를 생생히 전해주며, 임시정부를 살아 있는 역사로 느끼게 했다. 독립유공자 후손들을 초청해 근황을 살폈다.

조국은 해외에 있는 우리 국민에게 도움이 돼야 한다. 교민, 주재원, 유학생, 여행객들이 상대국에 살거나 머물고 활동하는 데 편하고 이익이 되도록 해야 한다. 그러기 위해서는 먼저 대한민국이 자랑스럽고 당당해야 한다. 어느 나라에서 왔느냐는 질문을 받으면 거리낌 없이 '코리아'라고 대답하게 해야 한다. 그러자면 국정의 모든 것이 잘 돼야 한다. 외교는 종합예술이다. 대한민국의 위상이 높아져 대부분의 국가에서 한국인들은 편해졌다. 그러나 그것은 영원하지 않다. 언제든지 흔들릴 수 있다. 마음을 놓고 쉽게 생각해서는 안 된다.

진심으로 다가가는 외교를 하자

2019년 5월 에콰도르를 방문했을 때 나는 남미의 피카소, 에콰도르 국민화가 오스왈도 과야사민 미술관을 찾았다. 미술관은 입구에 쓰인 과야사민의 말부터 충격적인 깨우침을 주었다. "신발이 없다고 나는 울었다. 발이 없는 아이를 보기 전까지는."

과야사민은 라틴아메리카 민중의 참상을 숨기지도, 꾸미지도 않고 드러낸다. 넋을 잃고 작품을 보노라면 아픔보다 미움이, 연민보다 분노가 온몸에 치밀어 오른다. 그러나 세월이 흐르며 과야사민은 민중의 고통을 감싸 안으려 한다. 작품을 보는 사람의 마음도 미움에서 아픔으로, 분노에서 연민으로 바뀌어간다.

나는 과야사민 전시회를 서울에서 열고 싶다고 과야사민의 딸과 레닌 모레노 대통령에게 말했다. 과야사민 전시회는 2020년 12월 서울의 한 미술관에서 열렸다. 국내의 한 보수적 언론은 총리가 사회주의자의 작품을 국내에 들여왔다고 비난했다. 그 작품들을 찬찬히 보기를 그 언론에 권하고 싶었다.

2017년 12월 서울에서 튀르키예 총리와 회담한 뒤 공동 기자회견에서 튀르키예 기자가 튀르키예 영화 〈아일라〉를 보겠느냐고 나에게 물었다. 나는 그 영화에 대해 자세히 몰랐다. 그러나 나는 한국에서 그 영화가 빨리 상영되기를 바란다며,

꼭 보겠다고 약속했다. 그해 10월부터 튀르키예에서는 〈아일라〉가 상영되고 있었다. 6·25 한국전쟁에서 튀르키예 군인이 한국 고아소녀를 딸처럼 기른 실화를 담은 이 영화는 튀르키예 영화사상 5위의 흥행을 기록했다.

그 영화가 2018년 6월 한국에서 상영됐다. 나는 영화를 보겠다는 약속을 지켰다. 영화관에 함께 온 에르신 에르친 주한튀르키예대사는 상영 전에 나에게 손수건을 주었다. 영화를 보다가 필요할 것이라고 했다. 나는 손수건의 신세를 많이 져야 했다.

각 나라는 모두 그들만의 자부심, 고통과 분노가 있다. 우리와 마찬가지다. 그들의 삶에 공감해야 서로 상처를 보듬고, 고통과 분노를 누그러뜨리며, 그들의 자부심을 격려할 수 있다. 우리는 진심으로 다가서는 외교를 해야 한다. 김대중 대통령도 정상회담의 최고 요건은 상대를 진심으로 대하는 것이라고 말했다.

국민을 지키는 외교를 하자

2018년 12월 내가 튀니지를 방문하기 전부터 무거운 숙제가 있었다. 튀니지 동쪽 리비아에서 그해 7월 한국인 회사원 60대 주 아무개 씨가 필리핀인 3명과 함께 무장 민병대에 납치됐다. 내가 튀니지를 방문했을 때는 납치 160일이 넘어 있었다.

리비아는 정세와 치안이 불안해 한국도 현지 대사관을 2015년 4월에 철수했었다. 내가 튀니지에 갔을 때는 리비아 대사관 직원들이 튀니지 수도 튀니스에 묵으며 리비아 수도 트리폴리를 왕래하고 있었다. 나는 12월 19일 리비아 대사관 직원들을 튀니스의 내 숙소에 불러 아침식사를 대접했다. 나는 그들로부터 주 씨의 피랍 상황을 보고받고, 주 씨의 석방을 위해 최선을 다하자고 당부했다.

나는 리비아를 통치하는 통합정부 최고위원회 파예즈 무스타파 알 사라지 위원장과 국제전화로 통화했다. 나는 "한국 정부는 국민의 생명과 안전의 보호에 최우선의 가치를 두고 있습니다."라며 "피랍국민이 하루빨리 가족의 품으로 돌아올 수 있도록 리비아 통합정부가 앞으로도 최대한의 노력을 다해주십시오." 하고 요청했다. 알 사라지 위원장은 "한국 국민 피랍 사건의 해결은 리비아에도 중요한 사항"이라며 "리비아 정부로서도 사건 해결을 위해 최선의 노력을 기울이고 있으며, 앞으로도 안전한 석방이 이루어질 때까지 적극 협조해나가겠습니다." 하고 응답했다.

나는 이듬해인 2019년 3월에도 서울을 방문한 모하메드 타하 사알라 리비아 외교장관에게 주 씨의 조속한 석방을 위한 리비아 정부의 협조를 당부했다. 문재인 대통령과 강경화 외교장관은 나보다 훨씬 더 많이 노력했다. 주 씨는 2019년 5월 무사히 석방됐다. 납치된 지 310여 일 만이었다.

전쟁이나 테러 등으로 치안이 혼란한 지역에서 국민이 재난을 당하면, 그 국민의 안전은 모든 것에 우선하는 과제가 된다. 외교가 그 일을 해야 한다. 그 일에는 열정과 신중함, 결단과 치밀함이 모두 요구된다.

국민 모두의 총력외교를 하자

2019년 5월 포르투갈을 방문했을 때의 일이다. 마젤란은 스페인을 위해 탐험했지만, 포르투갈은 마젤란을 숭배한다. 마젤란은 포르투갈의 자랑이다. 나는 포르투갈 수도 리스본의 마젤란 기념관을 찾았다. 마젤란의 항해를 조각으로 새겨 벽에 붙여놓은 것이 인상적이었다. 나는 그것을 보고 놀랐다. 항해에 항해사뿐만 아니라 글을 쓰는 사람이 함께 참여한 것으로 나타나 있었다.

나는 안내자에게 "저기 글 쓰는 사람은 누구인가요?" 하고 물었다. 안내자는 "시인"이라고 대답했다. 나는 "시인은 항해선에 왜 탔나요?" 하고 다시 물었다. 안내자는 "기록하기 위해서"라고 설명했다. 미지의 땅을 찾아 미지의 바다로 떠나면서 기록을 남길 생각을 했다는 것에 나는 우선 감동했다.

나는 안내자에게 되물었다. "혹시 항해를 실행한 것은 탐험가였고, 항해를 가능케 한 것은 과학자였지만, 항해를 꿈꾸게 한 것은 시인이었던 것이 아닐까요?" 안내자는 그렇게 설명해보겠다고 답했다. 나는 내가 좀 건방졌다고 생각했다. 그러나 안내자의 관용에 나는 편안해졌다. 안내자와 나는 마주 보며 웃었다. 지금도 포르투갈이라면 그 마젤란 기념관과 그 안내자가 떠오른다.

외교는 국가 최고 지도자부터 어린아이에 이르기까지 모든 국민이 함께해야 하는 종합예술이다. 외교는 외교부만이 아닌 국민 모두의 작업이다. 정부 외교가 할 일이 많지만, 한계가 있다. 외교는 외교를 뛰어넘는 역량까지를 포함해야 하는 국가 총력전이다. 공공외교를 강화해야 한다.

한국외교의 네트워크는 취약하고, 국가지원은 부족하다. 공공외교 강화를 오래전부터 말해왔지만, 여전히 허약하다. 한국은 글로벌기업과 BTS 같은 대중문화를 통해 제고된 국가 이미지를 활용하며 공공외교를 강화할 기회를 맞았다. 그 전략을 빨리 세우고 이행해야 한다. 교민 1.5세나 2세들을 서울에 유학하도록 지원하고, 그들에게 외교관에 준하는 역할을 맡기도록 추진할 만하다.

제5장

'연성강국'을 위한
'신외교' 구상

과거는 아쉽고, 현재는 답답하다. 새로운 미래를 준비해야 한다. 미래 외교의 비전을 나는 '연성강국(Soft Power) 신외교(New Diplomacy)'로 잡았다.

탈냉전 이후 세계질서의 패러다임이 변화해왔다. 대전환이다. 과거의 시각과 인식의 틀로는 대전환을 읽기 어렵다. 영토의 넓이, 인구의 규모, 군사력의 크기는 그 의미가 점점 퇴색하고 있다. 대신에 콘텐츠를 채우고 국격을 높이며, 호혜의 국제관계를 형성하는 능동적·창의적 외교의 필요성이 커졌다. '연성강국 신외교'로 가야 한다.

1.
왜
'연성강국 신외교'인가?

산업자본 사회는 하드웨어 시대였다. 탈산업사회는 소프트웨어 시대다. 세계의 흐름은 '연성시대'로 전환하고 있다.

지금의 문명은 전통적 강대국들이 주도하며 형성했다. 그 결과로 인류는 편리를 누렸지만, 삶은 불안해지고 지구촌은 갈등이 커졌다. 인류는 대안을 찾아 나섰다. 딱딱한 것 대신에 부드러운 것, 경직된 것 대신에 유연한 것을 갈구하게 됐다.

그렇게 연성시대가 열렸다. 문화가 힘이 되는 시대, 경제에서도 중후장대 산업에서 첨단기술 산업으로 주도권이 넘어가는 시대, 군사력은 방위에 충분한 역량을 갖추면 되는 시대가 시작됐다.

연성시대는 인류의 행복을 증진시키는 첨단기술력, 문화

중국 충칭의 복원된 광복군 총사령부를 둘러보고 기념촬영을 했다. 김구 주석 등 지도자들의 고난 어린 항일투쟁의 기록이 생생하게 보관돼 있다. (2019. 3. 중국 충칭)

콘텐츠 역량, 발전의 과실을 공유하는 포용적 역량을 필요로 한다. 거기에 대한민국의 미래가 있다. 대한민국은 연성시대를 앞서 이끄는 연성강국이 돼야 한다.

대한민국은 이미 연성강국의 가능성을 세계에 입증했다. 국가위상에서 G10, 기술력에서 T10, 민주주의 역량에서 D10 국가로 인정받고 있다. 반도체와 배터리의 첨단기술을 선도하고 있다. 한류의 멋과 깊이로 세계를 매료한다. 촛불혁명은 세계 민주주의의 공유 자산이 됐다. 우리는 그 가능성과 자신감으로 연성강국을 열어야 한다.

연성강국의 완성은 국민의 일상에 평화와 행복을 주는 나라가 되는 것이다. 나아가 첨단기술, 문화콘텐츠, 포용적 역량으로 한반도를 넘어 지구촌까지 더 안전하고 더 풍요로우며 더 행복하게 만들도록 돕는 것이다. 그렇게 지구촌의 바람직한 미래를 위해 공헌하는 나라로 발전하는 것이다.

그에 부응하는 '신외교'가 필요하다. 연성시대의 미래를 함께 여는 능동적이고 입체적인 외교다. 한국은 글로벌 이슈를 선도적으로 해결해나가는 모범이자, 세계 모든 나라가 협력을 원하는 파트너로 발전해야 한다. 신외교가 그것을 도울 것이다.

2.
'신외교'의
목표와 기조

목표

신외교의 목표는 '내 삶을 지켜주는 나라'를 뒷받침하는
것이다. 지구촌 시대에는 외교가 국정에서 더 중요해진다.

신외교는 대한민국이 연성강국으로 발전하도록 국제사
회에서 역할과 책임을 다할 것이다. 첨단산업과 한류에 기반
을 두고 한국은 이미 연성강국으로 가고 있다. 그런 역량과 역
할로 지구촌의 평화와 번영에 기여하는 성숙한 외교를 추진할
것이다. 그것이 '내 삶을 지켜주는 나라'로 되돌아오게 할 것
이다.

한반도 비핵화를 달성하고 항구적인 평화체제를 구축해야

한다. 북한 핵문제를 더 이상 미해결로 남겨둘 수 없다. 어떻게 든 한반도 비핵·평화체제를 향해 담대하게, 그러나 치밀하게 나아가면서 새로운 남북관계를 형성할 것이다. 한미 글로벌 동 맹을 기반으로 남북한의 신뢰를 촉진하고 주변국의 지지와 협 력을 얻을 것이다.

한반도와 동아시아의 공동 번영을 견인하는 튼튼한 바탕 을 마련할 것이다. 분단체제는 남북한의 발전을 제약하며, 역 내 갈등은 동아시아 평화경제의 실현을 가로막는다. 한반도 평 화를 바탕으로 남북한과 동아시아의 공존·공영에 주도적으로 동참할 것이다.

국민들이 일상의 평화를 향유하고 안전을 체감하는 국제 환경을 만드는 데 최선을 다할 것이다. 한반도의 군사적 긴장 을 해소하고, 재난과 팬데믹 같은 새로운 인간안보 위협에서 벗어나게 할 것이다. 국민들이 안심하고 평온한 삶을 누리도록 도울 것이다.

기조

① 'K-평화'외교

대한민국이 연성강국으로 가려면 일상의 평화를 달성해야 한다. 'K-평화'외교가 긴요하다. 한반도 문제를 주도적으로 해결하는 코리아 이니셔티브(Korea Initiative)를 구현할 것이다. 한반도 문제의 해결을 토대로 세계평화에 기여할 것이다. 'K-평화' 모델을 완성하면, 한국은 세계평화 논의의 플랫폼으로 변모하고, 한반도는 세계평화의 발원지가 될 것이다.

북한 핵문제 해결의 돌파구를 찾아야 한다. 한반도 평화는 제재와 압박만으로는 오지 않는다. 북한과의 협상을 서둘러 포괄적 합의, 단계적 이행과 행동 대 행동 원칙의 비핵화 로드맵을 도출해야 한다. 1단계 조치로 한반도 비핵·평화체제 구축의 입구를 형성해야 한다. 북한이 핵능력을 동결하며 영변 핵시설을 폐기하고, 동시에 미국은 평화협정 체결과 북미관계 수립, 대북제재 부분 해제 등을 이행해야 한다. 한국은 금강산관광과 개성공단 재개, 철도·도로 연결, 인도지원 등으로 남북관계의 새로운 동력을 확보해야 한다.

미국이 북한과의 관계수립을 선제적으로 결행해 동아시아 긴장구도에 출구를 여는 것도 좋다. 그러면서 완전한 비핵화와 평화협정 체결 등을 견인해갈 수도 있다. 그렇게 비핵·평화레짐(nonnuclear peace regime)을 형성해갈 수 있다.

② 광장외교

신외교는 광장외교(Plaza Diplomacy)다. 한국은 대륙과 해양의 교량을 넘어 지구촌의 광장이 돼야 한다. 우리는 사이에 끼인 나라가 아니라 세계정치의 한복판에 자리 잡고 인류 화합의 공간을 이루는 나라로 갈 것이다. 광장은 수평적이고 공개적이며 자유롭고 투명한, 민주주의와 시장경제의 공간이다. 한국에서 촛불의 힘으로 새로운 정치를 탄생시킨 공간이기도 하다.

광장외교는 우리 안에 세계를 품는 외교다. 대한민국은 갈등의 전장에서 화해의 광장으로 탈바꿈해야 한다. 세계의 모든 사람과 생각, 정보, 물산이 모여들고 새로운 가치를 창출해야 한다. 우리는 이미 광장외교의 찬란한 역사를 갖고 있다. 세계에 코리아의 이름을 알린 고려의 외교가 그것이다.

우리는 동맹의 강화도, 전략적 협력국가와의 동반도 병행할 것이다. 경쟁국가 및 개발도상국가와의 협력도 전방위적으로 증진시킬 것이다. 대한민국의 국익과 평화·번영의 미래를 위해 세계 어느 나라와도 함께 뛸 것이다.

③ 포용외교

포용외교는 '우리가 있기에 내가 있다'라는 '우분투(Ubuntu)' 정신을 지향하는 외교다. 우리가 한국전쟁의 폐허에서 절망하고 있을 때, 세계는 격려와 지원을 우리에게 보내주었다. 이제는 우리가 손을 내밀어 지구촌의 난관과 아픔을 해소하는 일에 나서야 한다.

많은 국가들이 한국의 경제력, 의료역량, 문화역량을 주시한다. 나눔의 정신을 구현하는 '우분투 외교'로 다른 나라들을 도우면서, 그것을 통해 우리의 역량을 더욱 키우는 선순환을 일으킬 것이다. 고양된 국가위상과 능력을 활용해 국제사회에 공헌하고 나눔을 실천할 것이다.

포용외교는 우리 안의 포용과 분리되지 않는다. 국내에서 포용을 실천하며, 그런 신념과 경험으로 세계를 향해 포용해나 갈 것이다. 그렇게 연성강국으로 갈 것이다.

④ 그물망외교

대한민국 연성강국을 위해 한반도와 동북아를 넘어 세계 로 외교공간을 확장해갈 것이다. 세계와 한반도를 연계하는 그 물망을 형성하는 창의적 외교를 실천할 것이다. 중견국 네트워

한국은 세계의 광장이 돼야 한다. 한국이 모든 나라, 모든 민족과 우정으로 교류하기를 나는 바란 다. 광주 세계마스터스수영선수권 대회 리셉션에서 세계의 참가자들과 어울렸다. (2019. 7. 광주)

크와 협력체제 구축을 병행하며 그물망 외교를 채워갈 것이다.

환경위기와 기후변화 등 인류 공통의 과제를 해결하기 위해서도 세계와 그물망으로 협력해야 한다. 포스트 코로나 시대의 새로운 위협에 효과적으로 대응하는 그물망 체제를 지속적으로 구축해나갈 것이다.

외교가 세계와의 건설적 경쟁과 협력을 통해 한국이 첨단 기술의 포용적 선도국가로 가도록 뒷받침해야 한다. 백신을 포함한 바이오산업, 디지털산업, 문화·콘텐츠산업의 글로벌 허브로 가야 한다. 우주공간에도 눈을 돌려야 한다. 그런 광폭의 그물망 외교로 갈 것이다.

3.
'신외교'의
전략

신흥 국제관계

중국이 말하는 '신형 국제관계'보다 '신흥 국제관계'로 가야 한다. 코로나19 시대에 우리는 약육강식, 각자도생의 어두운 그림자를 보았다. 포스트 코로나 시대의 국제사회는 새로워져야 한다. 모든 국가가 품격을 유지하며 존중받는, 함께 잘사는 신흥 국제관계로 거듭나야 한다. '우분투' 정신으로 신흥 국제관계의 형성을 선도적으로 도울 것이다.

아카데미상을 받은 한국영화 〈기생충〉의 주제는 양극화다. 국내에서도 국제사회에서도 양극화가 심각하다. 지구촌의 모든 나라가 최소한의 민생을 확보하도록 글로벌 인도주의 지원을 실천할 것이다.

품격 있는 국제관계로 갔으면 한다. 미중경쟁도 문명충돌이 아니라 국가철학의 차이를 극복해가는 과정이 되기를 기대한다. 미중 양국이 신념과 신뢰에 바탕을 두는 관계를 구축해 국제질서의 안정에 기여하기를 소망한다.

신흥 한국외교

글로벌 동맹으로 진화한 한미관계는 앞으로도 오랫동안 양국의 평화와 번영의 핵심축으로 기능하면서, 세계평화에도 기여할 것이다. 먼저 한미동맹이 한반도 평화프로세스의 재가동을 위해 본격적으로 기여해야 한다. 미국이 진정으로 새로운 인도태평양전략으로 나아가려 한다면, 한미동맹도 그 전략의 틀 안에서 현대화할 필요가 있다.

한중관계는 수교 30년을 넘어 새로운 30년을 준비해야 한다. 한중 양국은 북핵문제 해결을 위한 한반도 평화프로세스에서 협력하고, 나아가 동아시아 번영프로세스를 위해서도 함께 해야 한다. 다른 나라들과 마찬가지로, 중국도 한반도를 미중경쟁의 공간이 아니라 미래를 향해 함께 갈 동반의 이웃으로 보아야 한다.

한일관계는 1998년 김대중-오부치의 '21세기 새로운 한·

일 파트너십' 선언에서 다시 시작하기를 바란다. 일본은 과거사 문제에서 도피하지 말고 슬기롭게 해결하면서, 한국과의 글로벌 파트너로 거듭나야 한다. 지금처럼 무지와 무례가 만나서는 안 된다. 서로를 더 알고 더 배려해야 한다.

한국은 통합의 역사를 써나가는 유럽연합(EU)에서 평화와 번영의 동아시아 공동체 형성을 위한 교훈을 얻을 것이다. 가파른 성장세를 보이는 아세안과 인도에서 한국 경제도 새로운 길을 찾을 것이다. 비약을 꿈꾸는 아프리카와도 동행할 것이다. 중견국 한국-호주-인도네시아-인도-남아프리카공화국을 연계하는 '한국형 M5(Middle power 5)' 외교로 한국의 그물망을 채워갈 것이다.

그리스 신화 '이카로스'의 교훈

한국은 자신을 가질 필요가 있다. 그러나 오만해서는 안 된다. 자신은 갖되 오만하지는 않아야 한다. 오만하면 어느 나라도 좋아하지 않는다. 너무 낮거나 높게 날지 말라는 아버지의 경고를 잊고 태양에 너무 가까이 가다가 밀랍 날개가 녹아 추락한 그리스 신화의 '이카로스'를 우리는 기억해야 한다.

관건은 역량이다. 《유에스뉴스앤드월드리포트》가 발표한 2022년 국력평가의 세부를 보면, 한국의 과제가 선명히 드러난다. 그에 따르면 한국은 수출호조 84점, 경제적 영향력 79.8점, 군사력 79.1점, 국제외교 66.4점, 정치적 영향력 48.6점, 리더십 역량 22.5점이었다.

한국은 경제와 군사에서 앞서가지만, 지도자 역량과 정치적 영향력에서 취약하다. 지도자를 잘 키우는 일이 시급하다. 그러자면 정치와 언론이 바로 서야 한다. 자극적 선동과 진영 가르기로 시종하는 정치는 좋은 지도자를 낼 수도, 나라를 발전시킬 수도 없다. 그렇게 탄생한 지도자는 국제사회에서 인정받지 못한다. 좋은 지도자를 내려면, 세계와 국내의 흐름과 과제를 알고 그에 대처하는 역량을 겨루는 정치로 발전해야 한다. 지도자의 도덕성과 신뢰성을 재정립해야 한다.

평화, 번영, 외교를 위한 '555 제언'

① 평화를 위한 다섯 가지 제언

윤석열 대통령은 2022년 8월 15일 광복절 경축사에서 취임 이후 처음으로 대북제안을 내놓았다. 스스로 '담대한 구상'이라고 부른 제안은 북한이 핵개발을 중단하고 실질적 비핵화로 전환한다면, 그 단계에 맞추어 경제지원을 하겠다는 것이다. 경제지원은 대규모 식량 공급, 발전과 송배전 인프라 지원, 항만과 공항 현대화 지원, 농업기술 지원, 병원과 의료 인프라 현대화 지원, 국제투자와 금융 지원 등이다. 그것들에 더해 필요하면 유엔제재 면제도 지원하겠다고 했다. 미국은 지지를 표명했다.

그러나 북한의 핵정책은 이제 경제가 아니라 체제생존과 연계돼 있다는 사실을 한국 정부는 알아야 한다. 북한의 핵무장이 체제생존을 위한 것이라면, 그것에 관한 제안이 있어야 한다. 윤 대통령의 발표에는 그것이 없다. 북한은 윤 대통령의 '담대한 구상'을 즉각 일축했다. 북미관계 정상화와 한반도 평화체제 구축 등에 관한 제안 없이 경제지원의 약속만으로 북한이 비핵화에 호응할 국면은 지났다. 유엔제재 면제는 북한으로서도 매력을 느낄 만하지만, 윤석열 정부가 미국과 북한을 동시에 설득할 수 있을까.

오히려 윤석열 대통령은 국내의 핵무장론에 대해 "미국 확장억제의 획기적 강화에 방점을 찍은 상태에서 여러 옵션을 두루 살펴보고 있다"라고 문을 열어놓았다. 국내에서 찬반 논쟁이 뜨거워졌다.

기본적으로 핵무장은 추진단계부터 한미관계를 악화시킬 것이다. 미중경쟁으로 한반도가 한미일 대 북중러의 대치구도로 되돌아가는 상황에 한미관계가 악화되면, 한국은 누구와 손잡을까. 한국이 미국의 반대를 돌려놓도록 설득할 수 있을까.

핵무장은 적어도 지금은 가능하지도, 현명하지도 않다고 나는 생각한다. 핵무장론이 미국의 확장억제에 대한 한국민의 불안을 미국에 전달하는 데는 도움을 주었는지 모른다. 그러나 지금 핵무장을 추진하는 것은 얻는 것보다 잃는 것이 더 많다.

무엇보다도 치밀한 준비도 없이 결론부터 먼저 내놓고 논쟁을 확대하는 것은 지혜롭지 못하다. 그것이 한국 정치의 병폐다. 결론부터 꺼내 논쟁만 키우기보다 여러 경우를 상정한 국가안보전략 로드맵을 먼저 준비하는 것이 옳다.

한국은 과제가 참 많다. 한반도 평화를 정착시킬 의지와 철학과 역량을 지녀야 한다. 그것이 부족하면 북한에 대해서도, 미국 등 관련국에 대해서도 의미 있는 역할을 할 수 없다. 또한 정권이 바뀌면 대북정책을 거칠게 뒤집는 나쁜 선례를 끊고, 정권이 바뀌더라도 대북정책 기조를 유지하는 제도와 문화를 만들 필요가 있다. 그래야 북한이 신뢰를 갖고 남북대화에 계속 응할 수 있다.

나는 앞에서 말한 제언을 다시 강조한다. 첫째, '한미일 대북중러'의 대립구도에 매몰되지 말자. 둘째, 국방력을 조용하게 그러나 확실하게 강화하자. 셋째, 미국·일본에도 할 말은 하자. 넷째, 중국·러시아에도 분명히 하자. 다섯째, 북한의 현실을 인정하며 대화하자.

② 번영을 위한 다섯 가지 제언

《유에스뉴스앤드월드리포트》가 발표한 '2022년 최고의 국가' 순위에서 한국은 당당히 세계 6위로 인정됐다. 국제통화

기금(IMF)은 2022년 구매력지수(PPP) 기준 1인당 국민소득 5만 달러가 넘은 부자국가에 대한민국을 포함시켰다. 아시아에서는 싱가포르, 마카오, 브루나이, 홍콩, 대한민국이 포함됐고, 일본은 뒤처졌다. 한국은 세계가 주목하는 중견국이 됐다.

환율변동과 인구감소로 위태롭지만, 1인당 국민소득 3만 달러와 인구 5천만 명 이상 국가의 '30-50 클럽'에 한국은 일곱 번째 멤버가 됐다. 그전에는 미국, 일본, 독일, 영국, 프랑스, 이탈리아의 6개국뿐이었다. 모두 식민지를 두고 지배하며 착취했던 나라들이었다. 그런 국가들과 한국이 어깨를 나란히 하게 됐다. 식민지배를 하기는커녕 그것을 받았던 한국이 독립 70여 년 만에 그만큼 성장했다.

그렇게 한국은 성공했다. 그러나 한국은 지정학적 기회보다 위험을 더 많이 안고 있다. 한국은 세계 4강에 둘러싸여 있다. 신냉전으로 치달을 수도 있는 미국과 중국에 끼어 있고, 핵무기를 가진 북한과 마주하고 있다. 그런 처지에 경제의 60~80%를 해외에 의존하며 국가를 키우고 국민 생활을 영위해왔다.

미국은 한국의 유일한 동맹이다. 한국은 군사와 안보뿐만 아니라 국가의 거의 모든 영역에서 미국의 영향을 받으며 살아왔다. 중국은 북한과 '우호협력 상호원조 조약'으로 맺어진 동맹이면서, 한국과는 전략적 협력동반자 관계에 있다. 중국은 경제와 인적 교류에서 한국과 폭넓게 얽혔다.

미중 양국과 그런 관계를 갖게 된 깃은 한국의 매우 특별한 여건이다. 앞서 설명했듯 미중관계가 평화로울 때는 한국은 양쪽을 모두 활용하며 발전했다. 그러나 미중이 갈등하면서 한국의 그런 기회는 위험으로 바뀌고 있다. 한국은 비상하게 긴장하며 지혜롭고 전략적이어야 한다. 그래야 생존할 수 있다.

한국외교는 '우물 안 개구리'를 하루빨리 벗어나야 한다. 세계와 외교에 대한 우리의 무지와 무관심을 깨야 한다. 그러지 않으면 한국은 선진국의 문턱에서 다시 미끄러질 수도 있다. 중진국 함정을 걱정해야 하는 나라는 중국이라기보다 한국이다.

나는 앞에서 말한 제언을 다시 강조한다. 첫째, 강대국 외교를 확실히 하자. 둘째, 번영의 문제에는 더욱 유연하자. 셋째, 동지국가 연대외교를 추진하자. 넷째, 통상국가로서 모든 나라와 잘 지내자. 다섯째, 미국은 동맹 한국을 존중하라.

③ 외교를 위한 다섯 가지 제언

모로코의 사드에딘 엘 오트마니 총리는 두 딸 애기를 나에게 여러 차례 했다. 두 딸이 모두 한류 팬이고, 한국에 가고 싶어 한다고 했다. 첫째 딸은 SG워너비, 둘째 딸은 BTS의 팬이다. 2018년 12월 내가 모로코를 방문했을 때, 우리 실무진은 SG워너비와 BTS의 멤버 전원이 사인한 CD를 구했다. 모로코에서 나는 그 CD를 오트마니 총리에게 전했다.

내가 모로코를 떠날 때, 오트마니 총리는 공항까지 배웅하러 나왔다. 그는 CD를 받은 두 딸이 매우 좋아하며 "아빠, 한국과 잘 지내"라고 하더라고 나에게 전했다. 그것이 매력외교의 힘이다. 조지프 나이 하버드대학 명예교수도 "다른 국가들에게 직간접적으로 영향을 끼치는 매력과 가치, 원칙도 국익에 포함된다."라고 말했다.

외교에는 품격이 있어야 한다. 외교에는 지도자의 철학과 매력이 스며들어야 한다. 외교는 정치의 연장이다. 지도자를 통해 전달되는 품격, 신뢰감, 식견, 공감 능력, 매력, 유머 감각 등이 국가 이미지에 큰 영향을 준다. 국가도 결국 사람을 통해 이미지를 형성한다. 흔히 지도자는 국가와 동일시된다. 그것을 모두가 기억해야 한다.

나는 앞에서 말한 다섯 가지 제언을 다시 강조하고자 한다. 첫째, 우리가 잘하는 일로 기여하자. 둘째, '자랑스러운 조국' 외교를 하자. 셋째, 진심으로 다가가는 외교를 하자. 넷째, 국민을 지키는 외교를 하자. 다섯째, 국민 모두의 총력외교를 하자.

4.
내 삶을 지키는,
함께 행복한 '연성강국'을 향하여

새로운 미래비전이 필요하다. 모든 국민을 위한, 국민의 집을 짓고, 복지국가 대한민국을 향해 담대하게 나아가야 한다. 세계에서 가장 행복한 나라, 가장 안전한 나라, 가장 훌륭한 인적자본을 갖춘 나라, 복지와 혁신을 동시에 달성한 나라로 가고자 한다. 그렇게 함으로써 대한민국이 '내 삶을 지켜주는 나라'가 되기를 나는 꿈꾼다.

지금은 멈추어 있지만 평화경제를 대한민국의 성장 엔진으로 다시 돌려야 한다. 한반도를 세계 최고, 최후의 투자처로 변모시켜야 한다. 도라산역이 남쪽의 마지막 역이 아니라, 북쪽으로 가는 첫 번째 역이 돼야 한다. 그러한 평화와 번영의 열차를 출발시키고자 한다. 그렇게 한반도 신경제 공동체를 만들어가며, 대한민국을 그 중심에 세우고 싶다. 평화를 바탕으로 대한민국을 세계 다섯 번째 나라, G5로 도약시키고 싶다.

대한민국은 이 가슴 벅찬 미래로 거침없이 나아가야 한다. 왜곡된 과거가 미래를 가로막는다. 불안한 현재가 미래를 불투명하게 한다. 왜곡과 불안을 떨치고, 확실한 꿈과 비전으로 미래를 열어야 한다.

내 꿈은 '내 삶을 지켜주는 나라'를 건설하는 것이다. '연성강국 신외교'는 그런 나라를 건설하는 데 기여할 것이다. 대한민국이 평화번영의 모범국가로 발전하며 인류가 함께 발전의 과실을 향유하도록 돕게 하는 것이 나의 먼 꿈이다. 그런 꿈의 나라로 가기 위해 '내 삶을 지켜주는 나라', 함께 안전하고 행복한 나라를 실현해야 한다.

나루히토 일왕 즉위식 리셉션에서 다른 나라 참석자들과 인사했다. 내 뒤는 남관표 주일대사.
(2019. 10. 일본 도쿄)

부록: 대학 강연 원고

2022년 6월. 내가 조지워싱턴대학 엘리엇국제관계학교에 방문연구원으로 등록한 직후였다. 앨리사 에이레스 학장이 나에게 공개강연을 해달라고 요청했다. 방문연구원은 리포트와 강연 가운데 하나를 하게 돼 있었다.

2023년 2월 21일 조지워싱턴대학에서 강연했다. 2월 28일에는 펜실베이니아대학에서 강연했다. 3월 23일과 24일에는 휴스턴대학 클리어레이크 캠퍼스와 다운타운 캠퍼스, 4월 3일에는 로스앤젤레스 UCLA, 5월 10일과 12일에는 콜로라도주립대학 덴버 캠퍼스와 볼더 캠퍼스에서도 강연했다. 각 도시를 찾은 기간에 휴스턴 아시아소사이어티, LA 오렌지카운티, 덴버 로터리클럽에서도 강연했다.

한반도를 연구하는 학생들에게는 전문적인 내용을, 정치학을 공부하는 학생과 시민들에게는 일반적인 내용을 강연했다. 휴스턴 아시아소사이어티와 덴버 로터리클럽에서는 일반적인 강연을 하려 했으나, 그쪽에서 전문적인 강연을 요구했다. 강연은 영어로 진행했다. 그러나 이 책에는 한글 원고를 싣는다.

미국을 떠나 귀국하기 전에 6월 12일 독일 베를린자유대학에서 강연할 원고도 미리 작성해두었다. 그것도 여기에 싣는다.

Ⅰ. 한반도의 비핵화와 평화를 위한 현실적·실용적 접근

조지워싱턴대학, 펜실베이니아대학, UCLA 등 강연

1993년 제1차 북핵 위기가 시작된 이래 미국과 한국은 북한과 간헐적으로 비핵화 협상을 벌였다. 그러나 그런 모든 시도는 결국 실패했다.

북한 핵 협상 실패의 이유

① 북한 생존욕구의 무시

북한의 핵개발은 복합적이고 복잡한 문제다. 그러나 많은 분석가들은 북한 문제를 주로 윤리적 척도로 보았다. 북한의 권위주의 통치, 인권 침해, 핵무기 개발은 비난받아 마땅하다. 북한의 피해의식과 안보불안감이 그들의 핵개발을 정당화할 수는 없다. 그러나, 북한의 안보 피해의식과 생존욕구를 무시하면서 북한과의 비핵화 협상을 성공시키는 것은 가능하지 않다.

오늘의 북한은 매우 극단적이고 고통스러운 역사의 산물이다. 북한이 일으킨 1950~1953년의 한국전쟁에서 미국은 압도적 화력으로 북한을 폭격했다. 그 결과로 북한은 인구의 약 20%, 도시의 50%, 사회 기반시설의 80%를 잃었다. 한국전쟁 기간에 미국은 핵무기 사용까지 검토했다. 한국전쟁은 정전협정으로 마무리되고 종전이 이뤄지지 않았다. 한반도는 그 후 70년 동안 준(準)전시 상태에 놓였다. 한국전쟁 이후에도 북한은 줄곧 세계 최강대국 미국과 대치했다.

1958년부터 냉전이 붕괴된 1991년까지 미국은 최대 950기의 전술핵을 한국에 배치했다. 그것은 한국과 미국의 입장에서는 방어 목적이었지만, 북한에서는 핵 위협으로 인식될 수 있었다.

탈냉전이 시작된 1990년대 초에 한국은 중국과 소련, 동유럽 및 중앙아시아 국가들과 수교했다. 외교 지평의 확대와 함께, 한국 경제도 빠른 수출증가에 힘입어 비약적으로 성장하기 시작했다. 반대로, 북한은 동맹국과 무역 및 경제협력 파트너들을 잃었다.

북한은 미국, 일본과의 관계 정상화를 원했으나, 한국의 견제와 미국의 무시로 실패했다. 미국은 탈냉전 시대를 열었고, 한국은 탈냉전을 발전의 기회로 활용했으나, 북한에 대해서는 한국도, 미국도 냉전의 사고와 행동을 견지했다. 그런 과정에 북한 핵 위기가 나왔다.

2022년 9월 8일 김정은은 핵무기를 포기하지도, 비핵화 협상을 벌이지도 않겠다고 선언했다. 그는 "미국이 노리는 목적은 우리의 핵 그 자체를 제거해버리사는 데도 있지만, 궁극적으로는 핵을 내려놓게 하고 자위권 행사력까지 포기 또는 열세하게 만들어 우리의 정권을 언제든지 붕괴시켜버리자는 것"이라고 덧붙였다. 그의 연설은 북한의 강한 피해의식과 안보불안감을 내보였다.

그동안 미국은 북한에게 비핵화를 요구하고, 북한은 미국에게 평화협정과 관계 정상화를 통한 체제보장을 요구해왔다. 그러나, 신뢰가 부족한 상태에서 양측은 서로 상대가 먼저 행동할 것을 요구했다. 북한은 자신이 비핵화를 먼저 하고 미국이 약속을 지키지 않으면, 그들의 자위 수단만 잃게 된다고 믿고 있다. 생존욕구는 다른 어떤 요구보다 훨씬 더 본질적이다. 그것은 인간에게나, 국가에게나 마찬가지다.

② 북한 붕괴론의 오판

상당수 분석가들은 내외의 압박과 충격을 받으면 북한체제도 다른 사회주의 국가들처럼 붕괴할 수 있다고 믿었다. 그러나 '북한 붕괴론'은 오판이었다.

김일성, 김정일의 사망에도 북한체제는 흔들리지 않았다. 1990년대 '고난의 행군' 10년을 겪으며 최소한 수십만 명의 주민이 굶어 죽었지만, 북한체제는 유지됐다. 외부에서 가해진 여러 강력한 경제제재들을 받으면서도 북한은 무너지지 않았다. 오히려 북한은 외부의 압박이 가해지면 외부를 향한 적개심과 내부의 결속이 강해지는 경향을 내보였다.

북한 붕괴론은 워싱턴과 서울로 하여금 평양과의 협상에 반대하거나 소극적으로 나서게 만들었다. 북한이 곧 무너질 것이라는 기대는 경제제재 등의 '채찍'에 과도하게 의존하며 북한이 붕괴 또는 굴복하기를 기다리게 했다. 미국은 상황이 급박해지면 '당근'에 합의했으나, 북한 붕괴론은 그런 합의의 이행을 주저하게 만들었다. 그런 태도는 결국 북한의 피해의식과 생존욕구를 자극하며, 북한이 핵무장에 더욱 집착하게 만들었다.

1990년대 초의 냉전 종식과 함께 고립에 몰린 북한은 미국과의 협상에 적극적으로 매달렸다. 남북한은 한반도 비핵화 공동선언을 채택했고, 북한과 미국은 대화를 시작했다. 북한은 미국과의 관계 정상화를 요구하며 기존의 '주한미군 철수' 요구를 철회할 수 있다는 카드까지 제시했다. 그러나 미국은 북한이 곧 붕괴할 것이라는 판단으로 협상에 미온적이었다. 1993년 1차 북핵 위기를 막을 수 있었던 기회는 그렇게 사라졌다.

1차 북핵 위기의 과정에 1994년 7월 김일성 주석이 사망했다. 그해 10월 미국은 북한 경수로 건설 등의 내용을 담은 제네바 합의에 이르렀다. 그러나 경수로 건설은 이행되지 않았다. 그 합의에 반대한 공화당은 물론이고, 합의에 참여한 클린턴 행정부의 관료들조차 경수로 완공 이전에 북한이 붕괴할 것으로 판단했다는 증언이 있다.

③ 압박 효과의 과신

미국이 주도한 국제사회는 한국전쟁 이후 70년 동안 북한에 경제제재를 가해왔다. 북한이 핵과 미사일 시험을 할 때마다 외부의 제재는 강해졌다.

그 정책결정자들은 북한이 고통을 못 이겨 붕괴하거나 굴복할 것이라고 기대했다. 그러나 기대와 달리, 북한은 핵능력을 급속하게 키웠고, 중국에 대한 의존을 확대했다.

2018년 북한이 미국과의 정상회담에 나서자, 트럼프 대통령은 자신의 압박 정책이 효과를 발휘해 북한을 협상 테이블로 이끌었다고 자평했다.

그러나 경제제재와 군사적 압박이 최고조에 달했던 2016년과 2017년에 북한은 5차, 6차 핵실험과 여러 차례의 미사일 시험발사를 거쳐 '핵무력 완성'을 선언했다. 김정은이 미국과의 협상에 나선 것은 협상의 지렛대로서 핵능력에 대한 자신감이 생겼기 때문이었다. 거기에 문재인 정부의 중재 외교도 작용했다.

2019년 하노이에서 북한은 민간 경제에 가장 큰 영향을 주는 5개 경제제재의 해제와 영변 핵시설의 해체를 교환하자고 제안했다. 트럼프는 경제제재가 효과를 발휘하기 때문에 북한이 제재 해결을 우선시하고 있다고 판단해, 협상을 깨고 회담장을 떠났다. 그는 미국이 제재를 더 유지하면 북한이 미국의 CVID 요구에 굴복할 것이라고 생각했다.

그러나 북한은 그런 경제제재 해소가 미국에게 '쉬운' 조치라고 생각해 그것을 요구했으며, 하노이에서 스몰딜을 이루고 협상을 이어가는 것이 그들의 목적이었다고 발표했다. 그 후 북한은 미국을 향해 경제제재 해제를 요구하지 않았다. 결국 미국 측은 경제제재의 효과를 과대평가한 것이다.

북한에 대한 압박이 강화되던 기간에 북한의 중국에 대한 무역의존도는 비약적으로 높아졌다. 한국의 햇볕정책이 진행되던 2000년경에는 한국, 중국, 일본이 북한의 무역에서 각각 20%씩을 차지했다. 그 후로는 중국의 비중이 2007년에 40%, 2017년에는 거의 90%로 올라갔다. 중국은 북한체제의 생존에 필요한 지원과 무역을 계속했다. 그리고 2022년에 중국과 러시아는 북한의 ICBM 발사에도 불구하고 북한에 대한 추가 제재를 거부했다.

④ 정책 일관성의 결여

한국과 미국에서는 국내정치의 변화에 따라 북한정책이 자주 바뀌었다. 대북정책이 국내정치에 이용되기도 했다. 그렇게 되면, 협상에서 합의가 이루어지기도 어렵고, 합의가 이루어져도 신뢰나 이행 가능성이 떨어진다. 북한은 협상 상대를 의심하며 핵개발을 계속할 구실을 찾게 될 수도 있다.

클린턴 대통령은 1994년 제네바 합의로 북한 핵 활동을 동결할 수 있게 됐다. 그러나 그해 중간선거에서 공화당이 압승하면서, 클린턴은 제네바 합의를 이행할 예산을 의회에서 확보하는 데 어려움을 겪었다.

클린턴은 북한의 1998년 대포동 미사일 발사 후, 1999년 김대중 대통령과의 협력 아래 페리 프로세스를 시작했다. 2000년에는 조명록-올브라이트의 상호 방문과 북미 공동코뮈니케를 이루어냈다.

그러나 2001년 집권한 부시 대통령은 그러한 협상 분위기를 활용하지 않고, 클린턴 정부의 주요 정책들을 뒤집었다. 훗날 클린턴은 김대중을 서울에서 만나 "만약 나에게 1년만 시간이 더 있었다면 한반도의 운명이 달라졌을 것"이라고 말했다.

한국에서는 그런 문제가 더 심각했다. 북한정책은 한국 정치에서 양극화가 가장 심하게 나타나는 분야다. 나는 오늘 강연에서 그것을 일일이 들춰내지 않겠지만, 한국의 양대 정당 사이에 정권이 바뀌면 북한정책은 거칠게 뒤집혔다.

⑤ 완벽주의적 접근의 함정

미국은 북한과의 협상에서 모든 것을 한꺼번에 얻으려 하곤 했다. 때로는 북한과의 합의를 이행하기도 전에 기존 합의를 뛰어넘는 훨씬 근본적인 요구를 꺼내 합의를 깨기도 했다.

클린턴 행정부는 1994년 제네바 합의로 북한의 플루토늄에 의한 핵개발을 동결시키고 중유 공급을 약속했다. 그러나 2002년 북한의 비밀 HEU 프로그램에 관한 첩보가 들어오자, 부시 행정부는 제임스 켈리 국무부 차관보를 평양에 보내 북한을 추궁하며 중유 공급을 중단했다. 그래서 결과적으로 제네바 합의가 붕괴됐다.

1994년부터 2002년까지 북한의 플루토늄 재처리 시설은 제네바 합의에 의해 동결돼 있었다. 그러나 부시 행정부는 북한의 HEU 혐의를 응징한다는 명분으로 제네바 합의를 무너뜨림으로써, 플루토늄 재처리 시설의 봉인을 북한이 해제하게 만들었다. 당시 HEU는 그 존재 여부가 충분히 확인되지 않았고, 설령 존재했다고 해도 실험실 단계에 있었다.

2006년 북한의 1차 핵실험은 HEU가 아닌 플루토늄 재처리에 의해 이루어졌다. 그때 부시 행정부가 제네바 합의를 유지하고 HEU 문제를 새로운 협상으로 다루었더라면, 1차 북한 핵실험을 막았거나 적어도 늦출 수 있었을 것이다.

2차 북핵 위기에서 부시 행정부는 2005년과 2007년 6자 회담을 통해 합의를 이루었다. 북한은 2008년 냉각탑을 폭파하며 그것을 세계에 중계했고, 핵정보를 제출했다. 그러나 부시 행정부는 '특별사찰을 위한 광범위한 검증계획'을 제출하라고 북한에 요구했다. 그것은 6자 회담 합의보다 앞서가는 것이었다. 북한이 그것을 거부하자, 기존 합의마저 무산됐다.

부시 대통령은 CVID라는 용어를 들고 나왔고, 트럼프 정부도 CVID 혹은 FFVD라는 용어로 북한의 비핵화를 요구했다. CVID, 완전하고 검증가능하며 돌이킬 수 없는 비핵화는 최종 목표다. 그러나 트럼프 행정부의 존 볼턴 국가안보보좌관은 리비아 모델을 거론하며, CVID를 '선결 조건'으로 북한에 요구했다.

리비아와 그 지도자 가다피에게 무슨 일이 일어났는지를 아는 북한은 '선(先) 비핵화 후(後) 보상'의 리비아 모델을 여러 차례 거부했다. 그것을 다시 내세운 것은 협상을 하자는 것이 아니라 깨자는 것에 가까웠다.

트럼프 대통령은 2019년 김정은 위원장과의 하노이 회담에서 영변 핵시설 해체는 북한이 요구한 5대 경제제재 해제의 대가로 부족하다며 회담을 결렬시켰다. 영변 기지 이외의 핵 프로그램이 포함되지 않았다는 이유에서였다.

그러나 일부 핵과학자들은 영변 시설이 북한 핵능력의 90%까지를 차지하는 '심장'이라고 보고 있다. 스탠포드대학 핵물리학자 지크프리드 헤커 박사는 북한이 비핵화를 당장 시작한다고 해도 완전한 비핵화까지 최소한 10년이 걸린다고 말했다. 미국이 그 경제제재를 해제하면서 영변 핵시설을 먼저 폐기하고 그다음 단계로 진척시켰더라면 더 나은 결과를 얻을 수 있었을 것이다.

한반도 평화와 비핵화를 위한 제안

워싱턴과 서울의 북한정책은 북한에 대한 객관적 평가에서 출발해야 한다. 1999년의 페리 보고서는 이렇게 지적했다. "그러므로 미국은 미국이 원하는 북한이 아니라, 있는 그대로의 북한을 상대해야 한다. (미국은) 북한과의 협상을 상호 위협 감소의 개념에 바탕을 두고 시작해야 한다."

바깥의 눈으로 보면 북한은 윤리적, 정치적으로 많은 결함을 가진 나라다. 북한은 또한 미국과 수십 년 동안 대립하며 미국 불신과 깊은 안보불안을 갖게 된 나라이기도 하다. 따라서 '전부 아니면 전무'라는 완벽주의적 접근으로 CVID 또는 FFVD를 협상의 전제조건으로 추진하는 것은 비현실적이고 비효율적이다. 북한을 무시하거나, 경제제재로 압박을 강화하며 북한 붕괴를 기다리는 것은 상황을 악화시키고 북한의 핵과 미사일 개발을 자극하는 등 역효과를 내는 것으로 드러났다.

협상의 성공 가능성을 높이려면, 북한 비핵화 문제를 '상호 위협 감소' 및 북미관계 개선과 나란히 올려놓고 해결하는 것이 옳다. 협상에는 '채찍'과 함께 '당근'도 필요하다. 워싱턴과 서울은 평양과의 협상을 위한 장기 로드맵을 준비하고, 국내정치의 단기적 변화에 방해받지 않는 지속적이며 일관된 노력을 기울여야 한다.

2005년 6자 회담에서 참가국들은 '약속 대 약속, 행동 대 행동'의 원칙에 입각해 단계적으로 합의를 이행한다는 데 의견을 같이했다. 뿌리 깊은 상호불신을 극복하고 협상을 성공시키려면, 북한과 미국이 점진적, 동시적, 상호적 방식으로 비핵화와 관계 정상화를 향해 가는 것이 현실적이고 효율적이다.

미국에는 북한과의 관계 개선이 바람직하지 않거나 필요치 않다고 보는 기류가 있다. 그런 생각이 결과적으로 북한의 핵능력 강화와 중국 의존 심화를 초래했다. 그것은 미국이 바라는 세계질서에도, 미국의 국익에도 부합하지 않는다.

북한 비핵화와 종전선언 등으로 남북관계가 진전되고 한반도 평화가 증진되면 주한미군의 감축과 한미동맹의 약화를 초래할 수 있다는 주장이 일부 정책결정자들이나 분석가들 사이에 있다.

그것은 마차를 말 앞에 두는 것처럼 본말이 전도된 주장이다. 주한미군의 존재는 한반도 평화를 위해 필요하다. 그러나 그들은 주한미군의 존재를 위해 한반도 긴장이 필요하다고 믿는 듯하다. 냉전의 종결이 독일 또는 일본 주둔 미군의 존재나 미국과 그 두 나라의 동맹을 위태롭게 하지는 않았다. 김대중 대통령은 한반도 평화통일 이후에도 지역의 평화를 위해 주한미군이 필요하다고 믿었고, 나도 동의한다.

미국이나 일본이 북한과 관계를 정상화한다면, 북한에 대한 그들의 영향력을 키우고 북한의 바람직한 변화를 유도할 수도 있을 것이다. 관계가 없으면, 영향력도 없다. 만약 한국이 소련, 중국과 수교한 1990년대 초에 미국, 일본이 북한과 수교했더라면, 지금의 북한 핵문제는 생기지 않았을지도 모른다.

미국은 여러 기회에 북한과의 관계 정상화에 합의했다. 그러나 그 합의는 이행되지 못했다. 나는 미국이 북한과 수교하지 못할 이유는 없다고 생각한다.

북한이 미국과의 관계를 개선하고 국제사회의 책임 있는 구성원으로 받아들여지기 위해서는, 믿을 수 있는 비핵화 조치를 취해야 한다. 북한은 더 이상 고립과 대결의 길을 가지 말아야 한다. 북한은 남북 화해협력과 북미관계 정상화를 포기해서는 안 된다. 1970년대에 중국이, 1990년대에 베트남이 미국과의 관계 개선과 개혁개방의 길을 선택하고 급속한 발전을 이룬 것을 북한도 할 수 있다고 나는 믿는다.

『격노(Rage)』라는 저서에서 밥 우드워드는 김정은 위원장의 에피소드 하나를 소개했다. 트럼프 행정부 당시 국무장관 마이크 폼페이오가 김정은에게 "한국 측은 당신이 비핵화할 의지가 있다고 우리에게 말했는데 그게 사실이냐"고 물었다. 김정은은 "나는 아버지"라며 "내 아이들이 남은 평생 동안 핵무기를 짊어지고 사는 것을 원하지 않는다"고 답했다.

또한 김정은은 한반도 비핵화가 할아버지 김일성 주석과

아버지 김정일 국방위원장의 유훈이라고 강조해왔다. 북한은 여러 기회에 비핵화를 미국과 합의했다. 그러나 그 합의도 이행되지 못했다.

남북한은 한반도의 비핵화와 남북의 화해협력, 평화와 통일의 길을 함께 가자고 여러 차례 합의했다. 남북한은 전쟁의 위협이 없는 한반도를 만들기 위해 그 합의를 이행하도록 함께 노력해야 한다. 남과 북은 다시 대화해야 한다. 북한은 미국과 다시 만나 조건 없는 협상을 시작하는 것이 바람직하다.

한국 내부에서 핵무장 요구가 커지고 있다. 그러나 한국이 비핵화의 목표를 포기하고 핵무장을 추구한다면, 그것은 위험하고 어리석은 일이다. 그것은 한미관계를 악화시키고 동아시아의 핵무기 경쟁을 촉발할 것이다. 한반도와 동북아시아의 평화를 위해 가능한 유일한 선택은 현실적이고 실용적인 접근을 통한 북한과의 외교협상이다.

한반도는 한민족의 뜻과 관계없이 강대국들의 결정으로 둘로 나뉘었다. 한반도는 그렇게 전쟁의 참상을 겪었고, 지금도 분단된 채로 남아 있다. 엄밀히 말하면, 남북한은 70년 동안 전쟁 상태에 놓여 있다.

북한과 미국의 협상이 실패하고 긴장이 높아지면서, 한반도 평화와 비핵화가 후퇴한 것은 사실이다. 그러나 한반도와 동북아시아가 더는 대립이나 전쟁 위기와 핵 위협에 시달려서는 안 된다. 모든 관련국들이 한반도 평화와 비핵화의 길에 동행하기를 나는 바란다.

특히 미국이 즉각 행동에 나설 필요가 있다. 바이든 행정부는 한국에서 점증하는 핵무장 요구에 대해, 그리고 2023년 1월 미일 정상회담을 통해 한반도의 완전한 비핵화 약속을 재확인했다. 행동 없는 약속만으로는 충분한 신뢰를 얻기 어려운 국면이 되고 있다. 미국은 한반도 비핵화를 위한 행동을 더 이상 미루어서는 안 된다.

II. 미국의 꿈은 아직 끝나지 않았다

휴스턴대학, 콜로라도주립대학 등 강연

　　미국은 세계 역사상 가장 성공적인 나라 중 하나다. 내가 그렇게 생각하는 이유는 많다. 수많은 이유 가운데 하나의 이유를 말씀드리겠다.

　　미국은 국가 이름 뒤에 '꿈'이라는 말이 붙은 최초의 나라다. '아메리칸 드림'이 그것이다. 최근 들어 나라 이름 뒤에 '꿈'을 붙인 국가가 등장했다. 중국이다. 그러나 '아메리칸 드림'과 '중국몽'에는 차이가 있다. 두 가지의 차이만 말씀드리겠다.

　　첫째, '아메리칸 드림'은 미국인들의 마음속에서 자생했다. 소설가 허레이쇼 앨저는 1880년대부터 가난한 소년의 성공 이야기를 담은 수많은 작품으로 미국인들의 마음을 사로잡았다. 그런 미국인들의 꿈, 또는 미국인들이 소망한 국가를 역사가 겸 저술가 제임스 애덤스가 1931년의 저서 『미국의 서사 (The Epic of America)』에서 처음으로 '아메리칸 드림'이라고 표현했다.

그와 달리, '중국몽'은 국가가 제시한 국가목표다. 시진핑 주석이 2012년 중국 공산당 대회에서 처음으로 '중국몽'이라는 국가이념을 천명했다. 그것은 세계의 중심이었던 옛 중국의 영광을 21세기에 되살리자는 것이다. 시 주석은 2017년 공산당 대회 연설에서는 '중국몽'을 32회나 언급했다.

　　그보다 더 중요한 것은 두 번째 차이다. '아메리칸 드림'은 미국인의 꿈이었지만, 그것은 동시에 미국을 동경한 세계인의 꿈이기도 했다. 미국에 이민한 사람들은 '아메리칸 드림'을 품고 왔다. 미국에 이민하지 않은 사람들도 '아메리칸 드림'을 꿈꾸었다.

　　'중국몽'은 다르다. 그것은 중국이라는 국가의 꿈이다. 그것이 중국 국민의 꿈으로도 수용돼가는 것으로 보인다. 그러나 '중국몽'이 세계인의 꿈이 되지는 않고 있다.

　　미국은 미국인뿐만 아니라 세계인에게 꿈을 주었다. 이집트에서 태어나 영국에서 활동하고 미국 학술원 회원이 됐던 역사학자 에릭 홉스봄은 이렇게까지 말했다. "세계 어디든 도시에서 살아가는 모든 사람에게는 두 개의 조국이 있었다. 자기가 태어난 나라와 미국이었다."

　　그런 찬사를 들었던 나라는 인류 역사에 미국밖에 없었다. '아메리칸 드림'이 미국인뿐만 아니라 세계인의 꿈이 된 것은 무엇 때문이었을까? 미국에는 경제적 성공의 기회가 평등하고 넓게 열려 있다는 믿음이 가장 크게 작용했다. 미국은 새로운 민주주의를 시행하고 인권을 신장하면서 인류가 지향할 새로운 목표를 제시해주었다. 인종과 민족, 언어와 종교가 다른 사람들이 모여 살며 그 다양성을 포용하려 하는 미국 사회의 노력과 지혜는 인류에게 새로운 깨우침을 선물했다. 미국은 그런 가치를 세계에, 적어도 자유세계에 확산시켰다. 대중적이고 보편적인 감성을 담은 미국의 영화와 팝송은 세계의 청춘들을 열광하게 했다. 그런 요인들이 홉스봄의 찬사를 낳았다.

그러나 모든 것이 그러하듯이, 미국도 변해갔다. 아쉽게도 이제는 '아메리칸 드림'을 말하는 사람이 줄었다. 미국의 경제 성장은 감속했고, 개인의 성공 기회도 제한되었다. 빈부가 차츰 고착되고, 그 격차는 확대되었다. 그에 대한 사람들의 분노가 2011년 '월가를 점령하라'는 시위로 분출했다. 정치가 양극화하고 행정의 효율성이 떨어지면서, 정부의 문제해결 능력도 한계를 드러냈다. 총기와 마약 사고를 포함한 사회의 불안과 갈등이 증폭되었다.

그리고 중국의 부상(浮上)은 미국의 고민이자 세계의 과제가 됐다. 중국은 커지는 경제력을 앞세워 군사력을 강화하고 국제사회에서의 영향력을 키우고 있다. 중국의 도전과 함께 미국의 국제적 지도력은 상처받고 있다. 그런 터에 러시아가 우크라이나를 침공해 제2차 세계대전 이후 미국의 주도로 수립되고 지속된 자유주의적 국제질서를 시험대에 올려놓았다. 지금 미국 징부는 중국의 상승세를 저지하고 우크라이나 전쟁에 대처하는 것을 당면한 최대의 대외 과제로 여기고 있다.

국제사회에서 미국의 지도력이 약화되는 것은 중국의 도전 때문만은 아니다. 미국 스스로도 자신의 국제적 지도력을 손상했다. 예를 들면, 트럼프 행정부는 여러 국제기구에서의 탈퇴를 결정했고, 많은 다자 협정을 파기했다. 트럼프 재임 중에 미국은 유네스코(UNESCO), 세계보건기구(WHO)와 파리기후협약 등에서 탈퇴했고, 이란 포괄적 핵협정, 중거리 핵전력 협정(INF)과 환태평양경제동반자협정(TPP) 등을 파기했다. 후임 바이든 행정부는 WHO와 파리기후협약에는 복귀하기로 결정했다.

역사적으로 미국의 대외정책은 고립(Isolation)과 관여(Engagement)를 오갔다. 그렇지만, 고립주의적 대외정책과 보호무역주의 경제정책은 미국의 국제적 위상과 신뢰를 해쳤다. 국제기구에서 탈퇴하고 다자 협정을 파기하면서 국제적 지도력과 신뢰를 유지하기는 어렵다. 더구나 트럼프 행정부가 철수한 것은 인류의 교육과 문화와 건강, 평화와 번영, 지구와 환경의 보호를 위한 국제기구와 다자 협정이었다. 그들 국제기구는 미국이 주도해 설립하고 운영해왔다. 다자 협정도 미국 주도로 체결한 것이었다. 그것을 탈퇴하거나 파기한 것은 미국의 자랑스러운 업적을 미국 스스로 부정한 것이다.

최근에 미국이 고립주의와 보호무역주의를 강화한 데는 그만한 배경이 있다. 2001년 9·11 테러 이후 미국은 아프가니스탄에 이어 이라크에서 전쟁을 벌이며 '중동의 수렁'에 빠져

들었다. 2008년에는 서브프라임 모기지 사태로 촉발된 경제적 위기를 겪었다. 그런 아픈 경험이 고립주의적 자국우선주의로 유혹했다. 그 일환으로 미국 내에서 반(反)이민정서가 깊어지고 다양성에 대한 포용정신이 위축되기도 했다.

자국우선주의를 강화하며 동시에 국제적 리더십도 강화하기는 어렵다. 미국은 선택해야 한다. 나는 미국이 국내적으로는 중산층을 키우고 경제정의를 구현해 더 포용적인 국가로 나아가면서, 대외적으로는 연성권력(Soft Power)을 강화하며 국제적 리더십을 회복할 것을 제안한다. 그것이 미국의 정신이며, 미국이 국익을 증진하면서 세계에 공헌하는 길이라고 나는 믿는다.

미국인뿐만 아니라 세계인들이 '아메리칸 드림'을 함께 꿈꾸었던 경험은 인류의 소중한 공유자산이 됐다. 인류는 평등한 기회의 보장, 민주주의와 인권의 신장, 다양성의 포용 같은 가치를 미국을 통해 수용했다. 기후위기 이후에 인류는 지구와 인류의 미래를 위한 공동의 희생과 기여를 미국과 함께 생각하게 됐다.

그런 꿈은 인류가 앞으로도 영원히 추구해야 한다. 미국은 이제까지 그런 꿈을 세계에 확산하고 구현해왔던 것처럼, 앞으로도 그런 노력을 계속해야 한다. 그것은 미국의 영광스러운 책임이다. 미국이 어떤 이유로든 그 일을 외면한다면, 그것은 인류의 불행이며 미국의 책임 회피다. 그것은 '아메리칸 드림'

의 붕괴다.

미중경쟁이 격화하고 있다. 일부에서는 그 경쟁을 '신냉전'이라고 규정짓는다. 그 경쟁의 결말에 대해서도 다양한 전망이 나온다. 오늘 나는 미중경쟁의 추이나 전망을 말하지 않겠다. 그 대신에 나는 미국이 인류에게 안겨주었던 가치를 세계에 확산하고 구현하는 일을 계속한다면, 많은 국가들은 안보, 외교와 경제의 파트너로 미국을 선택할 것이며, 그것만으로도 미국은 승리하는 것이라고 말하고 싶다.

'미국의 꿈'은 끝나지 않았다. 미국을 통해 인류가 품게 된 꿈도 끝나서는 안 된다.

한반도를 향한 미국의 태도에 대해서도 언급하고 싶다. 한반도 문제에 대해 미국은 적극적 관여의 자세를 오랜 기간 견지하다가 최근에는 소극적으로 변해가고 있다.

북한은 1993년 핵확산금지조약(NPT) 탈퇴를 선언했다. 그것으로 1차 북한 핵 위기가 시작됐다. 북한은 2006년 1차 핵실험을 강행했다. 그것을 전후한 기간이 2차 북한 핵 위기다.

1차 북한 핵 위기에 미국의 클린턴 행정부는 북한과 협상을 벌여 1994년 제네바 합의(Agreed Framework)라는 포괄적 합의를 이루었다. 그러나 제네바 합의는 이행되지 못했다. 부시 행정부 기간에 발생한 2차 북한 핵 위기에는 남북한과 미국, 중국, 일본, 러시아가 참가한 6자 회담이 가동돼 2005년과 2007년에 포괄적 합의를 만들어냈다. 그러나 그 합의도 이행되지 않았다.

2차 위기 다음부터는 북한 핵 위기에 번호를 매기지 않는다. 그것은 핵 위기가 끝났음을 의미하지 않는다. 오히려 그것은 북한 핵이 기정사실로, 그 위기가 상시적인 것이 됐음을 시사한다. 오바마 행정부는 북한을 향해 '전략적 인내'라는 이름으로 경제제재와 군사적 압박을 계속했다.

북한은 6차 핵실험과 대륙간탄도미사일(ICBM) 시험발사를 마치고 2017년에 '핵무력 완성'을 선언했다. 그 후로 2018년과 2019년 김정은은 트럼프와 정상회담을 가졌으나, 아무것도 얻지 못했다. 미국 대통령이 바뀌자, 북한은 도발을 자제하며 미국의 새 정부를 관찰한 것으로 보였다. 바이든 행정부는 북한과 조건 없이 만나겠다고 스무 번 넘게 말했으나, 실질적 행동은 하지 않았다. 2022년에 북한은 ICBM을 포함한 탄도미사일만으로도 69회나 발사했다. 그 기간에도 미국은 북한에 대해 경제제재를 포함한 압박을 계속했다.

북한과의 협상을 전후한 짧은 기간을 빼고, 미국은 경제제재와 군사적 압력으로 북한을 압박하고 고립시켜왔다. 미국은 북한이 압박과 고립의 고통을 견디지 못하고 굴복할 것이라고 기대했다. 그러나 기대와 달리, 북한은 핵과 미사일 능력을 고도화하고, 중국에 대한 의존을 확대해왔다.

북한에 대한 압박 일변도의 정책은 북한을 비핵화하는 데 성공하지 못했다. 미국이 압박정책을 계속한다면, 북한도 핵과 미사일의 고도화를 계속할 것이다. 그것은 미국과 한국을 비롯한 동맹국의 안보에 크나큰 위협이다. 만약 한반도에서 전쟁이 일어난다면 상상할 수 없는 인적·경제적 손실을 야기하면서, 동아시아 전체의 위기로 번질 것이다.

결국 남은 길은 당근과 채찍을 병행하며 협상을 통해 점진적, 동시적, 상호적 방식으로 북한 비핵화와 북미관계 정상화 및 평화협정 등을 교환하는 것이다. 그 교환이 미국과 북한의 가장 최근 합의였고, 양국 정상회담에서의 유일한 합의다. 도널드 트럼프-김정은의 2018년 싱가포르 합의가 그것이다.

1945년 제2차 세계대전 종전과 함께 한반도는 한민족의 뜻과 관계없이 강대국들의 결정으로 분단됐다. 남북한은 미국과 소련의 지원을 받으며 각자의 정부를 수립했다. 1950년에는 북한의 공격으로 한국전쟁이 벌어져 3년 넘게 계속됐다. 그 전쟁에서는 미국 주도로 유엔 회원 16개국이 참전해 남한을 위해 싸웠다. 소련은 참전하지 않았으나, 중국이 참전해 북한을 도왔다.

남북한은 전쟁을 치른 뒤에도 지금까지 70년 동안 정전 상태를 유지해왔다. 냉전 기간에 한반도는 미소 대립의 최전선이었고, 이제는 미중경쟁의 최전선으로 몰리고 있다. 그것은 한반도뿐만이 아니라 동아시아와 세계의 불행이다.

한국전쟁 이후 한국과 미국은 군사동맹을 맺었다. 세계 최빈국의 하나였던 한국은 한미동맹의 우산 아래 안보를 유지했고, 미국의 지원과 영향을 받으며 종합국력 세계 6위의 국가로 도약했다. 그런 의미에서 한국의 성공은 미국의 성공이다.

　그런 한국이 다시 평화를 위협받고 있다. 한반도는 더 이상 전쟁의 위협에 놓여서는 안 된다. 강대국들은 한반도에 평화가 정착되고 언젠가는 통일되도록 도와야 할 역사적 의무가 있다. 특히 미국은 북한 핵문제의 해결에 다시 나서야 한다. 바이든 대통령은 한반도의 완전한 비핵화를 거듭 약속했다. 그러나 약속은 하되, 행동은 하지 않는다면 한반도 상황은 악화되고 동맹의 신뢰는 훼손될 것이다. 지금은 한반도 평화를 위해서도 미국이 '관여'할 때다. 한반도가 평화롭게 번영하며 동북아시아와 세계의 평화와 번영에 기여하도록 미국을 비롯한 국제사회가 도와주기 바란다.

III. 다시 한반도 평화를 모색하자

독일 베를린자유대학 강연 원고

베를린자유대학에서 강연하게 돼 기쁘다. 23년 전 한국의 김대중 대통령이 이 대학에서 '베를린 선언'을 발표하고, 그 3개월 뒤에 최초의 남북정상회담을 열었다. 그런 역사적 장소에 서 있다는 것만으로 나에게는 엄청난 영광이다.

나에게 강연의 기회를 준 베를린자유대학에 감사드린다. 이 자리에 함께한 여러분께 각별한 감사를 드린다.

올해로 대한제국과 독일제국이 수교한 지 140년이 됐다. 수교 이후 두 나라는 역사의 격류를 헤치며 많은 변화를 겪었다.

독일은 두 차례의 세계대전을 일으키고 패배한 뒤 1945년 제2차 세계대전 종결과 함께 분단됐다. 그러나 1990년에 다시 평화적으로 통일을 이루고 유럽통합을 이끌며 유럽, 나아가 세계적 지도국가의 하나로 발전했다.

한반도는 35년 동안 일본의 식민지배를 받고 1945년 종전과 함께 분단돼 오늘에 이르렀다. 1950년부터 3년 동안 한국전쟁을 겪었고, 그 전쟁을 종결하지 못한 채 지금까지 휴전으로 남아 있다. 최근 한반도에는 구냉전에 이어 다시 신냉전의 유령이 엄습하고 있다. 한반도는 미소 대결의 최전선에서 미중 대립의 최전방으로 바뀌고 있다. 한국은 경제적으로 성공했으나 실존적 위기를 맞았다.

그런 차이에도 불구하고, 한국과 독일은 2차 대전 이후 여러 분야에서 협력하며 서로 도움을 주고받았다. 특히 독일은 한국의 발전에 많이 기여했다.

첫째, 독일은 한국의 경제발전을 도왔다. 서독은 패전과 분단을 딛고 '라인강의 기적'을 일구었다. 남한도 전쟁이 남긴 잿더미에서 일어나 '한강의 기적'을 만들어냈다.

'한강의 기적'에는 파독 광부와 간호사도 공헌했다. 광부는 1963년부터 1977년까지 7,936명, 간호사는 1950년대 말부터 1976년까지 1만 723명이 독일에 파견됐다. 그들은 1965년부터 1975년까지 1억 153만 달러를 고국에 보냈다. 그 가운데 1965~1967년의 송금액은 그 기간 한국 수출액의 1.6~1.9%에 해당했다. '한강의 기적' 초기에 파독 광부와 간호사들의 땀과 눈물이 그만큼 기여한 것이다. 물론 그들은 독일에도 공헌했다. 루트비히 에르하르트 서독 총리도 "한국의 이주노동자들은 독일 경제발전에 기여했다"라고 평가했다.

1964년 한국의 박정희 대통령은 서독을 방문해 4천만 달러의 차관을 지원받았다. 1967년 하인리히 뤼프케 서독 대통령은 한국을 방문해 양국을 "다시 통일을 이루기 위해 노력하는 숙명적인 정치적 동반자"라고 규정하며 몇 가지 지원 사업을 확정했다. 그 가운데 하나인 한국 최초의 낙농목장이 1969년에 문을 열어 한국인에게 국산 우유를 공급했다. 한국인들은 그 목장을 '한독목장'으로 부르며 독일의 우정을 기억하고 있다.

둘째, 독일은 한국의 민주화를 도왔다. 1980년 내 고향 광주에서 민주화를 위한 시민의 항쟁을 군부가 처참하게 짓밟았을 때, 독일의 용기 있는 언론인이 그 진상을 세계에 알렸다. 독일 제1공영방송 ARD-NDR 소속 도쿄 카메라 특파원 위르겐 힌츠페터였다. 힌츠페터의 당시 활동을 다룬 영화 〈택시운전사〉는 한국에서 1천만 명 이상이 눈물로 관람했다. 그는 생전에 "내가 죽으면 광주에 묻어 달라"고 말했다. 그의 유품은 민주화 항쟁의 희생자들이 묻힌 광주 망월동 묘역에 2016년 안치됐다.

힌츠페터 기자를 통해 빌리 브란트 전 서독 총리 등이 광주를 위해 국제연대에 나섰고, 당시 감금돼 있던 김대중의 석방을 위한 세계적 투쟁을 이끌었다. 그 후 한국은 민주화를 쟁취하고, 1998년 김대중은 대통령에 취임해 새 역사를 썼다. 브란트의 '동방정책'을 김대중은 '햇볕정책'으로 발전시켜 한반도 평화에 기여했다. 브란트와 김대중은 각각 노벨평화상을 수상했다.

셋째, 분단과 통일에 대해 말하겠다. 독일이 패전과 분단을 극복하고 통일을 이룬 역사적 쾌거는 한국에 큰 자극을 주었다. 그 영향으로 한국의 민주당 출신 대통령 세 사람이 모두 독일에서 한반도 평화와 통일의 구상을 밝히며, 남북정상회담의 출구를 열었다.

김대중 대통령은 2000년 3월 바로 이곳 베를린자유대학에서 '한반도 평화와 통일을 위한 남북 화해협력 선언'을 발표했다. 그것은 '베를린 선언'으로 불리었다. 그해 6월 한반도 분단 이후 처음으로 김대중-김정일의 남북정상회담이 평양에서 개최됐다.

노무현 대통령은 2005년 4월 베를린 등의 한국 교민들에게 행한 연설에서 평화와 통일에 관한 생각을 밝혔다. 그 후 2007년 10월 노무현-김정일의 남북정상회담이 평양에서 열렸다.

문재인 대통령은 2017년 7월 베를린시청에서 쾨르버 재단 초청 연설을 통해 '신 한반도 평화비전'을 발표했다. 그것은 '신 베를린 선언'으로 불리었다. 그것을 북한이 받아들여 2018년 4월과 9월 사이에 판문점과 평양에서 문재인-김정은의 남북정상회담이 세 차례나 열렸다, 김정은 위원장과 도널드 트럼프 대통령에 의한 역사상 최초의 북미정상회담도 2018년 6월 싱가포르와 2019년 2월 하노이에서 잇달아 이루어졌다.

그러나 독일 언론인 네오 좀머가 시석했듯이, 녹일과 달리 남북한의 관계는 'Go and Stop'을 반복했다. 독일과 한국, 나아가 유럽과 아시아 사이에 큰 차이가 가로놓여 있었다.

한국과 독일은 정책 계승에서 달랐다. 서독에서는 사민당 빌리 브란트 총리의 '동방정책'을 기민당 헬무트 콜 총리가 계승했다. 한국에서는 민주당 김대중, 노무현, 문재인 대통령의 대북 포용정책을 보수 정부들이 뒤집었다. 독일에서는 정부 간 교류뿐만 아니라 넓고 긴밀한 민간 교류가 오랜 기간 이어져 동서독 주민 사이의 상호이해를 증진하고 동질감을 유지하는 데 기여했다. 한국에서는 남북 교류가 상당 부분 정부 주도로 이루어져 남북한 주민들이 서로 이해하고 교류하는 데 한계를 드러냈다. 그것마저도 남북한 내부의 정치적 변화와 북미관계의 부침에 따라 단절되곤 했다.

대북정책은 한국 정치에서 가장 양극화된 분야다. 그것은 남북한이 1950년부터 3년 동안 서로를 죽이며 치렀던 참혹한 전쟁의 잔재다. 그 전쟁에서는 미국 등 16개국이 남한을, 그리고 중국이 북한을 군사적으로 지원했다. 그에 비해 동서독은 서로를 향해 전쟁을 벌이지 않았고, 역사적·문화적 동질성을 유지했다.

그런 배경이 있다고 하더라도, 대북정책을 일관되게 지속시키는 일은 한국의 큰 과제임에 틀림없다. 나는 한국의 정치인들에게 독일의 사례를 배우자고 권하고 싶다. 특히 보수 정당에서 언젠가 콜 같은 정치인이 나오기를 바란다.

독일 통일은 흡수통일이었다고 흔히 인식된다. 그러나 독일의 빠른 통일을 선택한 것은 동독의 시민들이었다. 서독의 기민당은 '빠른 통일방안'을, 사민당은 '점진적 통일방안'을 제시했었다. 결국 동독 주민들이 민주화 시위를 통해 정권을 무너뜨리고, 빠른 통일을 이루어냈다. 동독 주민들이 빠른 통일을 원했던 것은 오랜 교류와 협력을 통해 서독이 동독 주민의 마음을 얻었기 때문이었다.

나는 흡수통일에 반대한다. 나는 남북한이 합의를 통해 점진적으로 통일에 접근해가기를 바란다. 통일로 가는 중간단계로써 국가연합의 과정을 거치는 것이 바람직하고 현실적이라고 나는 판단한다. 그러자면 남북이 서로의 마음을 얻기 위해 노력해야 한다. 특히 경제와 외교에서 앞서가는 한국이 더 많이 노력해야 한다고 믿는다. 평화와 통일을 원한다고 말하면서, 남북의 교류에 반대하고 북한 고립화를 추진하는 것은 무책임하고 위험하다.

유럽과 아시아는 역사 청산에서 달랐다. 전범국이자 패전국이었던 독일은 가해의 역사를 지속적으로 사과하고 국내에서도 전범을 엄격하게 처벌해 주변국들의 신뢰를 확보했다. 특히 1970년 비 오는 날에 폴란드 바르샤바의 유대인 학살 추모비 앞에 무릎을 꿇은 브란트의 모습은 유럽의 피해국뿐만 아니라 세계 인류에게 깊은 감동을 남겼다.

아시아에서는 선범국이자 패전국이 일본이었다. 일본은

내키지 않는 듯이 사과했고, 전범을 합사한 야스쿠니 신사를 각료들까지 참배해 사과의 진정성을 신뢰받지 못했다. 나는 언젠가 일본 정치인 가운데 브란트 같은 지도자가 나와 노벨평화상을 받게 되기를 기대한다.

2차 대전 후 유럽에서는 전범국이자 패전국인 독일이 분단됐다. 그러나 아시아에서는 전범국이자 패전국인 일본이 아니라, 일본의 식민지배를 받은 피해국 한반도가 한민족의 의사가 아닌 강대국들의 계산에 따라 분단됐다. 그런 의미에서 관련 강대국들은 한반도 평화와 통일에 대한 역사적 책임을 지고 있다는 사실을 기억해야 한다.

또한 한국은 독일처럼 관련국들을 설득하고 그들의 신뢰를 얻도록 지속적으로 노력하고 역량을 키워야 한다. 한반도 평화는 국제사회의 이해와 협력 없이는 이루기 어렵다. 한국은 외교 역량을 국제사회에서 끊임없이 시험받고 있다. 그것을 한국의 정치인들이 잊어서는 안 된다.

1990년 독일 통일과 1991년 소련 해체에 따른 냉전 종결은 한반도에 큰 영향을 미쳤다. 남한은 냉전의 굴레를 벗고 외교 지평을 넓히며 경제성장으로 질주했다. 북한은 고립 속에서 핵무장으로 폭주했다. 남북한은 비슷한 속도로, 서로 다른 방향을 향해 내달렸다.

1990년대 초 남한은 소련, 중국과 동유럽, 중앙아시아 등 30여 개 사회주의 국가들과 수교하며 수출을 늘리고 경제를 발전시켰다. 반면 북한은 미국, 일본과의 수교에 실패했고, 냉전 시대의 동맹과 경제협력 파트너들을 잃었다. 미국은 냉전을 종결시켰고, 한국은 탈냉전의 혜택을 누렸으나, 한미 양국은 북한에 대해 냉전의 사고와 태도를 견지했다.

그런 전개를 체제 위기로 받아들인 북한은 1993년 NPT 탈퇴를 선언하며 핵무장 의지를 드러냈다. 그것이 1차 북한 핵 위기의 시작이었다. 그 이듬해인 1994년에 남한은 1인당 국민소득 1만 달러를 달성했다.

2006년에 북한은 1차 핵실험을 강행했다. 그것을 전후한 기간이 2차 북한 핵 위기다. 그 해에 남한은 1인당 국민소득 2만 달러를 돌파했다. 2017년 북한은 6차 핵실험과 ICBM 시험발사를 성공시킨 뒤에 '핵무력 완성'을 선언했고, 남한은 1인당 국민소득 3만 달러를 넘어섰다.

2차 핵 위기 이후에는 사람들이 북한 핵 위기에 숫자를 붙이지 않는다. 그것은 북한 핵 위기가 끝났음을 의미하지 않는다. 오히려 그것은 북한 핵이 기정사실로, 북한 핵 위기가 상시적으로 되었음을 시사한다. '핵무력 완성' 이후에도 북한은 핵과 미사일을 고도화하면서 도발을 계속했다. 2022년만 해도 북한은 ICBM을 포함한 탄도미사일을 69회나 발사했다.

1차 북한 핵 위기 이후 30년이 흘렀다. 그동안 북한과의 비핵화 협상은 미국이 주로 맡았다. 협상은 지속적이 아니라 산헐석으로 이루어졌고, 몇 차례 합의를 이루었다. 그러나 그 합의들은 모두 이행되지 못한 채 오늘에 이르렀다.

　나는 독일에 오기 전에 미국에서 1년 동안 머물며 한반도 평화에 관해 연구했다. 나는 미국이 북한과의 비핵화 협상에 실패한 이유를 다섯 가지로 분석했다. 첫째, 북한 체제의 생존욕구를 무시했다. 둘째, 북한이 다른 사회주의 국가들처럼 곧 붕괴할 것이라고 오판했다. 셋째, 북한에 대한 경제제재 등 압박의 효과를 과신했다. 넷째, 정권에 따라 북한정책이 오락가락하며 일관성을 잃었다. 다섯째, 한꺼번에 모든 것을 이루려 하다가 그것이 안 되면 협상을 깨는 '전부 아니면 전무'(All or Nothing)의 함정에 빠졌다.

　불행하게도 지금 미국은 북한 핵문제에 대해 사실상 손을 놓고 있다. 취임 후 2년여 동안 조 바이든 행정부는 북한과 조건 없이 대화할 용의가 있다고 스무 번이나 말했다. 바이든 행정부는 북한의 완전한 비핵화를 실현하겠다고 몇 차례 재확인했다. 그러나 아무런 실질적 행동도 하지 않았다. 그것은 책임 있는 태도가 아니다.

　나는 지금이라도 북한과 미국이 평화조약 체결 및 관계 정상화와 북한 비핵화를 함께 테이블에 올려놓고 협상을 시작할 것을 제안한다. 북미관계 정상화를 선제적으로 결단하는 방안도 검토할 만하다. 나는 미국이 북한과 수교하지 못할 이유는 없다고 생각한다. 남한이 중국, 소련과 수교했던 1990년대 초에 북한의 요구대로 미국과 일본이 북한과 수교했더라면, 오늘의 북한 핵문제는 생기지 않았을지도 모른다.

북한과 미국이 이룬 가장 최근의 합의이자, 유일한 정상 간 합의는 2018년 김정은 위원장과 트럼프 대통령에 의한 싱가포르 합의였다. 그 골자도 북한과 미국의 새로운 관계 수립, 한반도 평화체제 구축, 북한 비핵화의 교환이었다.

지금 남북한은 그들을 뛰어넘는 국제질서의 흐름에 또다시 휩쓸려가고 있다. 한반도에는 북한-중국-러시아와 남한-미국-일본의 연대가 다시 대치하고 있다. 남북한이 그런 구도를 완전히 벗어나기 어렵다고 하더라도, 그 구도에 매몰돼 냉전시대처럼 대립해서는 안 된다. 그러자면 남북한은 어떤 상황에서도 대화하며 긴장의 고조와 우발적 사태의 발생을 막아야 한다. 남북한은 대화를 통해 모든 현안을 논의하면서, 관련국의 지원을 함께 요청할 수 있다고 나는 믿는다. 나는 남북한의 책임자들에게 특별히 호소하고 싶다. 한반도는 더 이상 국제정치의 제물이 되지 말아야 한다.

나는 미중경쟁이 신냉전으로 진행하지 않기를 바란다. 세계를 다시 진영으로 나누고, 외교안보와 경제도 진영 중심으로 전개하는 시대가 다시 오지 않아야 한다. 세계가 각국의 주권을 존중하고, 민주주의와 인권을 신장하면서, 경제적으로 윈-윈의 관계를 발전시켜가기를 나는 소망한다. 그것을 미국과 중국의 지도자들에게 특별히 힘주어 말하고 싶다. 나는 바람직한 세세질서가 확립되노톡 독일과 한국을 포함한 주요 국가들이 지혜와 힘을 모아 함께 노력할 것을 제안한다.

나는 러시아의 침공으로 야기된 우크라이나 전쟁이 하루 빨리 끝나고, 자유주의적 국제질서가 회복되기를 바란다. 타국에 대한 어떠한 침략도 지구에서 영원히 사라지기를 갈망한다. 나는 독일이 우크라이나의 평화와 민주주의, 경제적 안정을 위해 지원하는 것에 경의를 표한다. 한국도 비살상 장비를 포함한 지원을 계속하고 있다. 한국은 북한과의 대치로 안보에 극히 민감하기 때문에 군사적 지원에는 일정한 제약을 안고 있다.

한국과 독일은 가장 성공적인 협력관계를 지속해왔다. 앞으로도 우리는 양국 관계를 발전시키면서 특히 경제안보와 인공지능 등 첨단기술 분야에서 협력을 확대하기를 나는 기대한다. 동시에 세계 경제의 불확실성, 공급망 위기, 기후 변화, 디지털 격차 같은 지구적 과제에 대해서도 긴밀히 공조해가기를 바란다.

끝으로 독일이 국제적 리더십을 더욱 발휘하라고 말하고 싶다. 신냉전으로 치닫는 미중경쟁과 러시아의 공격적 태도에 대해 독일이 더 많은 지혜를 내고 영향력을 행사하기를 바란다. 평화통일을 먼저 달성한 나라로서 독일이 한반도의 평화와 통일을 더 많이 지원해주기를 요청한다.

믿음직한 친구 같은 나라 독일의 무궁한 발전과 독일 국민의 영원한 행복을 기원한다.

참고문헌

Ku, Yangmo·Lee, Inyeop·Woo, Jongseok, 『Politics in North and South Korea: Political Development, Economy, and Foreign Relations』, Routledge, 2017.

Pompeo, Mike, 『Never Give an Inch: Fighting for the America I Love』, Broadside Books, 2023.

가와시마 신·모리 사토루 편, 『美中 신냉전?: 코로나19 이후의 국제관계』, 한울아카데미, 2021.

강봉구·서동주·김영진·이상준·김정기 공저, 『미중 전략경쟁 시대의 유라시아』, 민속원, 2022.

김범준 저, 『문재인의 말하기』, 알에이치코리아, 2018.

김상배 저, 『미중 디지털 패권경쟁』, 한울아카데미, 2022.

김영우 저, 『반도체 투자 전쟁』, 페이지2, 2021.

나이, 조지프 저, 황재호 역, 『미국외교는 도덕적인가』, 명인문화사, 2021.

맥그레거, 리처드 저, 송예슬 역, 『미국, 새로운 동아시아 질서를 꿈꾸는가』, 메디치미디어, 2019.

모루아, 앙드레 저, 신용석 역, 『미국사』, 김영사, 2015.

문정인 지, 『문정인의 미래 시나리오』, 청림출판, 2021.

미어샤이머, 존 J. 저, 이춘근 역,『강대국 국제정치의 비극』, 김앤김북
　　스, 2017.

박승찬 저,『국익의 길: 미중 패권 경쟁에 맞서는 대한민국의 미래 지
　　도』, 체인지업, 2022.

박한식·강국진 공저,『선을 넘어 생각한다』, 부키, 2018.

박한식 저,『안보에서 평화로』, 열린서원, 2022.

박한식 저,『평화에 미치다』, 삼인, 2021.

박현 저,『기술의 충돌』, 서해문집, 2022.

베일리스, 존·스미스, 스티브·오언스, 퍼트리샤 공저, 하영선 역,『세
　　계정치론』, 을유문화사, 2022.

볼턴, 존 저, 박산호·김동규·황선영 공역,『그 일이 일어난 방』, 시사저
　　널, 2020.

스타인버그, 제임스·오핸런, 마이클 공저, 박영준 역,『21세기 미중관
　　계: 전략적 보장과 각오』, 아산정책연구원, 2015.

시마나카 유우지·미쓰비시UFJ모건스탠리증권 경기순환연구소 편저,
　　이정미 역,『패권의 법칙』, 한국물가정보, 2020.

앨리슨, 그레이엄 저, 정혜윤 역,『예정된 전쟁』, 세종, 2018.

이춘근 저,『미중 패권경쟁과 한국의 전략』, 김앤김북스, 2016.

장신기 저,『성공한 대통령 김대중과 현대사』, 시대의창, 2021.

정세현 저,『정세현의 통찰』, 푸른숲, 2023.

정인갑 외 공저,『문명충돌과 美中무역전쟁』, 한국학술정보, 2019.

최계영 저,『차가운 평화의 시대』, 인문공간, 2022.

케네디, 폴 저, 이일주 역,『강대국의 흥망』, 한국경제신문, 1997.

프리드먼, 조지 저, 홍지수 역,『다가오는 폭풍과 새로운 미국의 세기』,
　　　김앤김북스, 2020.

한승호 저,『김정은 시대의 북한』, 경진출판, 2022.

황재호 저,『갈등과 공존의 인도·태평양』, 명인문화사, 2022.

황재호 편,『한국 외교의 길, 석학들이 답하다』, 한국외국어대학교출
　　　판부 지식출판원, 2022.

KI신서 10922

대한민국
생존전략

이낙연의 구상

1판 1쇄 인쇄 2023년 4월 28일
1판 1쇄 발행 2023년 5월 8일

지은이 이낙연
감수 황재호
펴낸이 김영곤
펴낸곳 (주)북이십일 21세기북스

TF팀 이사 신승철
TF팀 이종배
출판마케팅영업본부장 민안기
마케팅1팀 배상현 한경화 김신우 강효원
출판영업팀 최명열 김다운
제작팀 이영민 권경민
진행·디자인 다함미디어 | 함성주 유예지
교정교열 박은경

출판등록 2000년 5월 6일 제406-2003-061호
주소 (10881) 경기도 파주시 회동길 201(문발동)
대표전화 031-955-2100 **팩스** 031-955-2151 **이메일** book21@book21.co.kr

© 이낙연, 2023
ISBN 978-89-509-6098-8 03340

(주)북이십일 경계를 허무는 콘텐츠 리더

21세기북스 채널에서 도서 정보와 다양한 영상자료, 이벤트를 만나세요!
페이스북 facebook.com/jiinpill21 포스트 post.naver.com/21c_editors
인스타그램 instagram.com/jiinpill21 홈페이지 www.book21.com
유튜브 youtube.com/book21pub